Eduard Gufeld

Gewinnen
mit
Königsindisch

Sportverlag Berlin

Übersetzung aus dem Russischen:
Otto Dietze

Gufel'd, Ėduard Efimovič:
Gewinnen mit Königsindisch / Eduard Gufeld. [Übers. aus d. Russ.:
Otto Dietze]. – 1. Aufl. – Berlin : Sportverl., 1990

ISBN 3-328-00337-1

© Sportverlag Berlin
Erste Auflage
Lizenznummer: 140 355/23/90
9095
Lektor: Franz Stahl
Einband und Schutzumschlag: Erika und Peter Baarmann
Printed in Germany
Gesamtherstellung: Graphischer Großbetrieb Pößneck GmbH
Redaktionsschluß: 3.7.1989
671 840 5

Vorwort

Der Schachgroßmeister und bekannte Journalist Tartakower formulierte die Hauptidee der Königsindischen Verteidigung, also den Kampf gegen das weiße Bauernzentrum mit Hilfe von rechtzeitig durch Bauernkonterschläge unterstütztem Figurendruck, in aphoristischer Form: „Anstatt Tod im Zentrum – Tod dem Zentrum."

Die Grundprobleme dieser sehr komplizierten und interessanten Eröffnung sind noch nicht alle gelöst. Nach wie vor führen die Anhänger der Königsindischen Verteidigung einen theoretischen Streit, ob man unverzüglich mit Bauernschlägen das gegnerische Zentrum bekämpfen soll oder ob es aussichtsreicher ist, es aus der Ferne mit Figuren anzugreifen. Den Weißspielern stellt sich dagegen immer wieder die Frage: Erweist sich die sofortige Schließung des Zentrums oder die Aufrechterhaltung der Bauernspannung als vorteilhaft?

Die Königsindische Verteidigung ist eine unsymmetrische Eröffnung, bei der die Strategie von Schwarz auf dem Prinzip der „Zerstörung" der gegnerischen Pläne beruht. Darüber hinaus versucht Schwarz, bereits in einem frühen Eröffnungsstadium einen eigenen Angriffsplan durchzusetzen. Darum ist es notwendig, die Königsindische Verteidigung in ihrer Dynamik zu studieren, das heißt im Prozeß von Eröffnung und Mittelspiel. Aus diesem Grund nehmen in dem vorliegenden Buch auch die Partien einen bedeutenden Platz ein. An ihnen kann der Leser die Wechselwirkung zwischen Eröffnung und Mittelspiel gut verfolgen.

Der Verfasser einer Eröffnungsmonographie verfährt nicht ganz objektiv. Seine Vorgehensweise ist individuell geprägt. Das trifft besonders für die Eröffnungssysteme und Varianten zu, die er häufig selbst anwendet oder gegen die er als Schachpraktiker kämpft. Ich möchte in diesem Buch auf der Grundlage jahrzehntelanger umfassender Erfahrungen veranschaulichen, wie wichtige königsindische Systeme in meiner Turnierpraxis zu behandeln pflege.

E. Gufeld

ERSTES KAPITEL

Sämisch-System

Ein Eröffnungssystem muß vor allem zwei Grundprinzipien erfüllen: die Besetzung des Zentrums mit Bauern und die Mobilisierung der Figuren in das Zentrum. Versuchen wir, unter diesem Gesichtspunkt die Ausgangsstellung des Sämisch-Systems zu betrachten.

1.d4 ♘f6 2.c4 g6 3.♘c3 ♗g7 4.e4 d6 5.f3

Von fünf Zügen hat Weiß vier mit Bauern ausgeführt, aber während die Züge d2–d4, c2–c4 und e2–e4 dem ersten Prinzip Rechnung tragen, also vom Zentrum Besitz ergreifen, paßt der Zug 5.f2–f3 nicht in dieses Schema. Schwarz hat sich dagegen beeilt, dem zweiten Grundprinzip Folge zu leisten, indem er zwei Figuren des Königsflügels zog und damit zu verstehen gab, daß er

die kurze Rochade plant. Folglich stellte Weiß die Besetzung des Zentrums mit Bauern, Schwarz die Entwicklung seiner Figuren in den Vordergrund. Diese Stellungsverhältnisse ermöglichen es, bereits in einem frühen Partiestadium den Plan für den bevorstehenden Kampf zu umreißen. Weiß muß in allernächster Zeit den Entwicklungsrückstand aufholen, und die Aufgabe von Schwarz ist es, nach Abschluß der Mobilisierung einen Konterschlag gegen das feindliche Bauernzentrum zu führen. Doch was bezweckt der Zug 5.f2–f3? Versuchen wir, das Rätsel zu lösen. Mit diesem Zug besetzt Weiß weder das Zentrum (er festigt es nur), noch trägt er zur Entwicklung seiner Figuren in Richtung Zentrum bei. Im Gegenteil, der f-Bauer nimmt dem Springer g1 sein natürliches Entwicklungsfeld.

Im Schach stellt das Erkennen des gegnerischen Planes fünfzig Prozent des Erfolges im künftigen Kampf dar. So demonstriert hier der Zug 5.f2–f3 die äußerst aggressiven Absichten von Weiß, der bereits in einem sehr frühen Stadium den Aufmarschplan seiner Streitkräfte für einen Angriff auf den König des Gegners bestimmt hat. Was veranlaßte ihn zu einem solchen Vorgehen? Der Bauer g6! Seine vorgeschobene Position war Weiß ein willkommener Anlaß für sein Angriffsvorhaben, das nach folgenden allgemeinen Regeln verlaufen soll:

1. Öffnung von Linien für die Schwerfiguren;
2. Abtausch (oder Zurückdrängung) der Figuren, die den König (oder ein anderes Angriffsobjekt) schützen.

Weiß plant (nach Beendigung der Entwicklung), zum Angriff nach folgendem einfachen, aber für den Gegner gefährlichen Schema überzugehen: ♗c1–e3, ♕d1–d2, h2–h4, g2–g4, h4–h5, h5:g6, ♗e3–h6, ♘c3–d5, ♗h6:g7 (Abtausch der wichtigsten Verteidigungsfigur), danach Abtausch des anderen Verteidigers – des Springers f6 und schließlich ♕d2–h6 mit Mattdrohung gegen den feindlichen König. Wie muß Schwarz auf einen so geradlinigen Plan reagieren? Soll er eine gestaffelte Verteidigung vorbereiten? Nein, im Schach käme dies taktisch der Kapitulation gleich, wäre es der Weg zum Untergang. Die beste Verteidigung ist der Gegenangriff, der sich in seinen grundlegenden Verfahren wenig von denen des Angriffs unterscheidet – Öffnung von Li-

nien und Abtausch von feindlichen Figuren, die wichtige Objekte im Lager des Gegners schützen. Wo ist nun das Terrain für eine Konterattacke als Antwort auf den gediegenen Aufbau des Sämisch-Systems zu suchen?

Der wirkungsvollste Brettabschnitt für die Errichtung einer zweiten Front ist das Zentrum. Wenn es gelingt, das Zentrum zu öffnen (zum Beispiel mittels e7–e5 und anschließendem Abtausch e5:d4), werden die weißen Streitkräfte vom Königsflügel abgelenkt. Aber in der Regel schließt Weiß als Antwort auf den Vorstoß e7–e5 das Zentrum mittels d4–d5 ab, und der Gegenangriff wird erschwert. Deshalb zieht es Schwarz in der letzten Zeit vor, Gegenspiel am Damenflügel zu suchen. Dabei geht er von folgenden Überlegungen aus: Falls Weiß beabsichtigt, am Königsflügel anzugreifen, ist er gezwungen, diesen zu öffnen. Wohin soll er aber seinen König in Sicherheit bringen? Ihn in der Ausgangsstellung zu belassen wäre gefährlich, also bleibt für den Monarchen nur der Weg zum Damenflügel. Damit beginnt ein asymmetrischer Kampf an gegenüberliegenden Frontabschnitten, und das schafft eine Fülle scharfer, kompromißloser Situationen, in denen es auf Erfindungsgabe und dynamisches Denken beider Kontrahenten ankommt. Der Kampf entbrennt nach dem Prinzip: „Wer ist schneller?"

So bietet sich in diesem System ein sehr weites Betätigungsfeld für Theoretiker und Praktiker. Nicht ohne Grund gehört das System zum Arsenal vieler hervorragender Schachspieler der Vergangenheit und Gegenwart. Ich selbst habe mit dem Sämisch-System als Nachziehender nicht wenige Enttäuschungen erleben müssen; aber auch sehr freudige und angenehme Erinnerungen meines Schachlebens verbinden sich mit dem Kampf gegen diesen zuverlässigen, doch, wie mir scheint, viel zu langsamen Aufbau. Indes möge der Leser selbst urteilen, habe ich doch meine Lieblingspartie mit eben dieser Variante gespielt. Ich kann nicht umhin, dieses Buch über die Königsindische Verteidigung mit meiner „Unsterblichen" zu beginnen, zumal sich in ihr die Grundideen des von dem österreichischen Großmeister Sämisch erfundenen Systems sehr deutlich widerspiegeln.

Meine „Unsterbliche"

Jeder Mensch wird mit den Voraussetzungen der Genialität geboren, aber sie kommen nur bei einzelnen zur Entfaltung. Manchen lächelt dieses Glück für kurze Zeit, und sie erleben eine Sternstunde. Mir zeigte sich der Schachgenius an jenem Abend, als ich gegen Bagirow spielte. Wie betrüblich das auch für mich sein mag, ich war das Genie eines einzigen Abends, denn es ist mir nicht wieder gelungen, eine Partie solchen Formates zu spielen. Dennoch danke ich dem Schicksal für diesen einen Abend!

Zuweilen heißt es, daß wir im Vergleich zum vorigen Jahrhundert heute praktischer und rationeller spielen, mit effektvollen Opfern geizen. Ich bestreite nicht, daß man jetzt den Kampf auf eine ganz andere Weise führt, vorsichtiger, objektiver, den Erfordernissen der Stellung Rechnung tragend. Jedoch kommt es vor, daß eine Position ein Opfer verlangt. Und dann ...

In einer schwierigen Situation gelang es mir, eine Konterattacke zu verwirklichen, wobei ich einen einzigen Zug voraushatte. Für diesen Tempogewinn wurden auch reichliche „Geschenke" dargeboten.

Partie Nr. 1
Bagirow–Gufeld
Halbfinale zur 41. Meisterschaft der UdSSR, 1973

1. d2–d4	g7–g6
2. c2–c4	♗f8–g7
3. ♘b1–c3	d7–d6

Ich fühle mich fürs ganze Leben zur Königsindischen Ver-

9

teidigung hingezogen. Sie kommt meinem Geschmack entgegen, und außerdem bin ich überzeugt, daß die Vorzüge ihre Mängel überwiegen.

4.e2–e4   ♘g8–f6
5.f2–f3   ...

Schach ist eine Form schöpferischer Tätigkeit, die in sich wissenschaftliche, künstlerische und sportliche Elemente vereinigt. Ich bin der Auffassung, daß jede Situation auf dem Schachbrett nicht nur durch den Willen des Spielers entsteht, sondern in ihren Ursprüngen auch durch bestimmte tiefere Ursachen, die aus der jeweiligen Zeit erwachsen, insbesondere den in Kultur, Wissenschaft und Kunst vorherrschenden Richtungen. Nehmen wir als Beispiel das Sämisch-System in der Königsindischen Verteidigung, das in den zwanziger Jahren unseres Jahrhunderts entstand. Dieser Aufbau wird geometrisch charakterisiert durch die ausgeprägte linienmäßige Aufstellung der weißen Bauern c4, d4, e4, f3 und durch das Bestreben, der Bauernkette mit den dahinter postierten Figuren Festigkeit zu verleihen. Dieser zweckmäßige und zielstrebige Plan für die Besetzung des Zentrums bildet die Ausgangsbasis für einen Angriff am Königsflügel.

Gleichzeitig haftet dem Aufbau von Weiß etwas Sperriges an, das die Gesetze der harmonischen Figurenentwicklung verletzt. Mich erinnert das System irgendwie an die Bauwerke im Stil des Rationalismus und Konstruktivismus, der in jenen Jahren herrschte.

5. ...   0–0
6.♗c1–e3   ♘b8–c6

Ein modernes Kampfverfahren gegen das Bauernzentrum. Natürlich gibt es auch andere Möglichkeiten, zum Beispiel 6. ... e5 oder 6. ... c5.

7.♘g1–e2   ♖a8–b8

Bevor man mit Zentrumsoperationen beginnt (e7–e5), ist es zweckmäßig, mittels b7–b5 Raum am Damenflügel, wohin die weiße Dame strebt, zu erobern. In seinem 1980 erschienenen Buch „Die Königsindische Verteidigung" merkt Geller zu diesem Zug Folgendes an: „Häufiger spielt man 7. ... a6 und im Falle von 8.♕d2 erst 8. ... ♖b8, um die Vorbereitung des Gegenstoßes b7–b5 abzuschließen. In der vorliegenden Partie kam das lediglich auf eine Zugumstellung heraus, aber falls 8.a3 a6 9.b4 geschieht, stände der Turm auf a8 besser, weil nach dem möglichen b7–b5 die a-Linie geöffnet wird."

All das stimmt, aber dafür wird nach 7. ... ♖b8 das Manöver 8.♘c1 entwertet wegen 8. ... e5 9.d5 ♘d4 10.♘b3 c5 11.dc bc, und der Turm steht dort, wo er gebraucht wird.

8.♛d1–d2   a7–a6
9.♝e3–h6   ...

Hier bereitete mir der Verlust meines „Lieblingsläufers" keinen Verdruß. Weiß verliert wertvolle Zeit, und der strategisch begründete Königsflügelangriff kommt taktisch zu spät, da Schwarz rasch mit Drohungen auf der anderen Brettseite aufwarten kann. Die Theorie bevorzugte früher 9.♘c1, zum Beispiel 9. ... e5 10.♘b3 ed 11.♘:d4 ♘e5 12.♝e2! c6 13.♖d1 b5 14.cb ab 15.b4 ♝b7 16.0–0 mit besseren Chancen für Weiß. Ich vertrete allerdings eine etwas andere Ansicht zum Charakter dieser Stellung.

Wie dem auch sei – nicht ohne Grund wandten Geller und Petrosjan, zwei der hervorragendsten Kenner der Königsindischen Verteidigung, dieser Partie ein besonderes Augenmerk zu.

9. ...   b7–b5
10.h2–h4   e7–e5
11.♝h6:g7   ♚g8:g7
12.h4–h5   ♚g7–h8

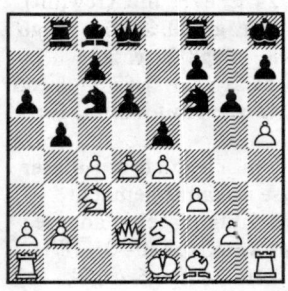

13.♘c3–d5!   ...

Geller hält den letzten Zug für ungünstig. Er schlägt vor 12. ... bc 13.♘d5 (nicht zum Ziele führt 13.hg fg 14.♛h6+ ♚g8 15.♘f4 ef 16.♝:c4+ ♚h8 17.♘d5 ♘h5 oder 15.♘d5 ♖f7 mit Vorteil für Schwarz) 13. ... ♘:d5 14.hg (nach 14.ed ♘b4 15.♘g3 ♝f5 16.♝:c4 c6 ist die schwarze Stellung vorzuziehen) 14. ... ♘f4 (zu einer scharfen Stellung führt 14. ... ♘f6 15.♛h6+ ♚g8 16.g7 ♖e8 17.♘g3 ed 18.♘h5 ♘:h5 19.♛:h5 ♚:g7, aber nicht 19.♖:h5? ♝f5! 20.♖:f5 ♖e6, und Schwarz bewahrt Materialübergewicht) 15.♘:f4 ef 16.♛:f4 hg 17.♛h6+ ♚f6 18.♛h4+ ♚g7 19.♛h6+ ♚f6 mit Remis.

Zweifellos ist die Variante sehr interessant, aber mir scheint auch der Zug 12. ... ♚h8 nicht schlecht zu sein. Die Unterschiede in unseren Bewertungen sind darauf zurückzuführen, daß nach Meinung Gellers Weiß im weiteren Verlauf Vorteil erreichen konnte. Ich dagegen bemühe mich, den Leser vom Gegenteil zu überzeugen. Einstweilen sei angemerkt, daß die Annahme des Opfers 12. ... ♘:h5 13.g4 ♘f4 14.♘:f4 ef 15.cb ab 16.♝:b5 ♘e7 17.♛:f4 ♘g8 18.0–0–0 zu einer verlorenen Stellung für Schwarz führt.

13.♘c3–d5!   ...

Die richtige Strategie. Es droht

11

14.♘:f6 nebst 15.d5, wonach
der Angriff sich von selbst entwickelt. Was soll Schwarz dagegen tun? Züge wie 13. …
♘e8 sind zu passiv und kommen in derartigen Varianten
einem langsamen Tod gleich.

13. …   b5:c4

Um das vorangegangene Spiel
zu rechtfertigen, muß Schwarz
den gegnerischen Angriff zu-
lassen. Aber Weiß hat den
Turm a1 noch nicht entwickelt,
und dieser Umstand wird von
mir zu einem Gegenspiel aus-
genutzt.

14.h5:g6   f7:g6
15.♕d2–h6   …

Jetzt verschärft sich die Partie
gewaltig. Aber wer würde nicht
so einen gefährlichen Ausfall
unternehmen? Kaum zu glau-
ben, daß gerade dieser Zug den
von Weiß erreichten minimalen Eröffnungsvorteil vergibt!
Im Lichte der weiteren Ereignisse empfahl sich das ruhigere
15.♘:f6 ♕:f6 16.d5 mit kompliziertem Kampf. Bei dieser
Fortsetzung müßte Weiß indes-
sen in einem geeigneten Moment vom Königsflügelsturm
ablassen, der so verführerisch
war und scheinbar schnellen
Erfolg versprach.

15. …   ♘f6–h5

Die einzige, allerdings völlig
ausreichende Erwiderung (jedoch nicht 15. … ♖f7?? wegen
16.♕:g6 ♕g8 17.♕:f6+!). Al-

lerdings ist die Stellung auch
jetzt für Schwarz gefährlich.
Als im Jahre 1973 sowjetische
Schachspieler zum Interzonenturnier nach Brasilien flogen,
schlug ich vor, „zum Aufwär-
men" diese Stellung zu analy-
sieren. Die Diskussion wurde
auf einem hohen Niveau geführt – nicht nur deshalb, weil
das Flugzeug über dem Atlan-
tik in 12 000 Meter Höhe flog.
Mir wäre es auf der Erde kaum
geglückt, einen Disput mit
Smyslow, Keres, Bronstein,
Wasjukow, Geller, Poluga-
jewski, Salow und anderen
namhaften Schachspielern zu
organisieren. Sie griffen fast
alle die schwarze Stellung an.
Als wir ein Viertel des Meri-
dians durchflogen hatten, war
es mir gelungen, meine Bewertung zu verteidigen: Die Chancen sind gleich.

16.g2–g4   …

Geller empfahl 16.0–0–0
♘:d4 17.♖:d4 ed 18.♘ef4!
♖:f4 (falls 18. … ♖g8, so
19.g4 ♖g7 20.gh g5 21.♘g6+
♔g8 22.♗:c4 ♗e6 23.♘ge7+
♖:e7 24.♘:e7+ mit Gewinn)
19.♘:f4 ♕g8 20.♘:g6+ ♕:g6
21.♕f8+ ♕g8 22.♕:g8+
♔:g8 23.♗:c4+ ♔g7 24.♖:h5
c6 25.♖:g5+ mit Vorteil für
Weiß.
Nachdem ich mich mit dieser
Analyse bekannt gemacht
hatte, schlug ich eine andere
Lösung vor: 16.0–0–0 ♖f7!
17.g4 ♘f6 18.♕:g6 ♕g8!

19.♕:g8+ ♘:g8 mit annähernd gleichen Aussichten. Zur Verdeutlichung sei angeführt: 20.♖h3 a5! 21.♘e3 ♝a6 22.d5 ♘b4 23.♘c3 ♘d3+ 24.♝:d3 cd 25.b3 ♘e7 26.♔d2 ♘g6 27.♘f5 ♘f4 usw.

Natürlich ist es unmöglich, mit diesen Varianten die Stellung auszuschöpfen. Aber später ließ Geller, der wahrscheinlich meinen Schlußfolgerungen zustimmte, auch in seinem Buch „Die Königsindische Verteidigung" das Fragezeichen hinter dem Zug 12. ... ♔h8 weg.

16. ...   ♖b8:b2!

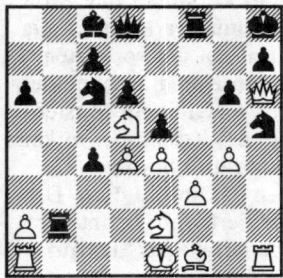

Opfer sind eingeplant. Vorerst stellt das aber noch keine Konterattacke dar, sondern nur ein Gegenspiel, das der Aufmerksamkeit von Weiß entging.

17.g4:h5   g6–g5

Schach ist ein wunderbares Spiel! Weiß besitzt eine Mehrfigur und hat ernsthafte Drohungen am Königsflügel, und dennoch gelingt es Schwarz, auf dem Seil zu balancieren.

Wie läßt sich das erklären? Im Zentrum fällt die Entscheidung, von seiner Festigkeit hängt das Schicksal vieler Partien ab. Hier schafft es Schwarz, das Bauernzentrum bis auf den Grund zu erschüttern, es zu zerstören und damit den Materialvorteil des Gegners zu entwerten.

18.♖h1–g1   g5–g4

Die Lage ist bis zum äußersten gespannt. Der weiße König steht unter Beschuß. Bagirow trifft die richtige Entscheidung.

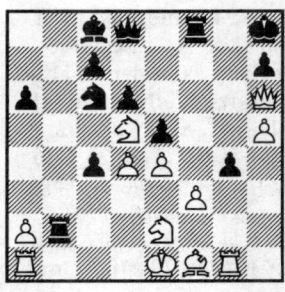

19.0–0–0!   ♖b2:a2
20.♘e2–f4   ...

Würde Weiß den weiteren Verlauf der Ereignisse voraussehen, müßte er eine der effektvolleren Fortsetzungen wählen, hinter denen sich eine Unzahl von Varianten verbergen. Das Spiel könnte folgendermaßen verlaufen: 20.de ♘:e5 21.♘ef4 ♔g8! 22.♘g6 hg 23.hg ♕d7 24.♖h1 ♖a1+ 25.♔b2 ♕b5+ 26.♔:a1 ♕a4+ 27.♔b2 ♕b3+ 28.♔c1 ♕a3+ 29.♔c2

(29.♔d2? ♕b2+) 29. ...
♕b3+ 30.♔c1 mit Remis.
Ein noch erstaunlicheres Remis ergäbe sich nach dem problemhaften 20.♗h3!! ♖:e2
21.♗:g4 ♖f7! 22.♗:c8 ♕:c8
23.♘f6! ♕b8! 24.♖g8+ ♕:g8
25.♘:g8 ♘b4! 26.♖d2 ♖e1+
27.♖d1 (es verbietet sich
27.♔b2? ♖:f3!, und nun droht
28. ... ♖b3 matt) 27. ... ♖e2.

| 20. ... | e5:f4 |
| 21.♘d5:f4 | ... |

Geller war der Ansicht, daß Weiß auch hier den Gegner wegen des Zuges 12. ... ♔h8 vernichten konnte, und zwar diesmal mittels 21.♗:c4, jedoch gelang es in der Analyse, die schwarze Stellung zu halten: 21. ... ♖a1+ 22.♔b2 ♖:d1 23.♖:d1 ♖g8! 24.♘f6 (falls 24.♘:f4, so 24. ... ♕g5!) 24. ... ♖g7 25.♗g8! ♕e7 26.♗:h7 ♖:h7 27.♘:h7 ♕:h7 28.♕f8+ ♕g8 29.♕h6+ mit Remis.
Nach dem Zug 21.♘:f4 kann Schwarz Schritt für Schritt einen gefährlichen Gegenangriff organisieren.

| 21. ... | ♖f8:f4 |
| 22.♕h6:f4 | ... |

Weiß besitzt erneut Materialübergewicht, aber seine unmittelbaren Drohungen sind abgewehrt. Um den Angriff wieder in Gang zu bringen, muß er den Läufer nach c4 führen, mit dem Bauern auf g4 schlagen und einen Turm nach f1 ziehen. Damit verfügt Schwarz über einen Vorrat von drei Tempi. Wie sind sie auszunutzen? Falls 22. ... ♖a1+ 23.♔d2 c3+ 24.♔e1 ♖:d1+ 25.♔:d1 ♘:d4, so 26.♗c4!, und Weiß besitzt die Initiative. Dies erklärt sich dadurch, daß Schwarz mit geringen Kräften anzugreifen suchte, ohne für Reserven zu sorgen. Also gilt es, alle Kräfte zur Unterstützung des Turmes zu mobilisieren.

| 22. ... | c4-c3! |

Ein Beispiel dafür, wie die Kenntnis allgemeiner Prinzipien und Verfahren die Variantenberechnung erleichtert. Da der Turm auf der vorletzten Reihe den König abschneidet, entsteht sogleich ein Musterbeispiel des Zusammenwirkens mit Bauer und Springer (♘c6-b4). Obwohl diese Drohung pariert wird, bleibt der Bauer ein Bajonett, das auf den weißen König gerichtet ist.

| 23.♗f1-c4 | ... |

Verlockend sah 23.♕f7 ♘b4 24.♗d3 ♖a1+ 25.♗b1 c2 26.♔b2 cd♕ 27.♖:d1 mit Gewinn aus. Jedoch mittels 25. ... ♗e6! 26.♕:e6 ♕g5+ gelänge es, den weißen König matt zu setzen.

| 23. ... | ♖a2-a3 |

Der schwierigste Zug in der Partie und vielleicht in meiner ganzen Schachlaufbahn! Nahe-

14

liegend war 23. ... ☐a4, doch in solchen Fällen möchte man alles mit einem Tempo tun. Nach dem ruhigen 24.♔b3! würde der schwarze Angriff steckenbleiben, zum Beispiel 24. ... ☐a3 25.♔c2 ♝e6 26.d5! ♞b4+ 27.♔:c3, und Weiß hat den Gewinn in der Hand. Nicht besser ist auch 23. ... ☐a1+ 24.♔c2 ♞:d4+ 25.☐:d4 ☐:g1 wegen 26.♛e5+.

Der Schlüssel zu der Stellung ist, wie seltsam es klingen mag, der Bauer f3. Möglich ist nun die Variante 24.☐g2 ♞b4 25.♔b1 c2+ 26.☐:c2 ☐:f3 mit Materialvorteil für Schwarz.

24.f3:g4 ...

Der Wert dieser Partie erhöht sich dadurch, daß Weiß sich nicht ergeben in sein Schicksal fügt, sondern zäh, erfindungsreichen Widerstand leistet und dem Gegner bald das eine, bald das andere Hindernis in den Weg stellt. Indem Bagirow einen Teil des Materials zurückgibt, werden die unmittelbaren Drohungen gegen seinen König abgewehrt, und den angreifenden Figuren fehlt für einen Augenblick das Zusammenwirken. Das zwingt Schwarz zu großen Anstrengungen.

24. ... ♞c6–b4
25.♔c1–b1 ...

Weiß benötigt nur einen Zug,

um erneut den feindlichen König zu bedrohen. Deswegen ist er bereit, aufs Ganze zu gehen: 25. ... c2+ 26.♔b2 cd♛ 27.☐:d1, und Schwarz, der eine Figur mehr besitzt, verliert, weil es gegen die Drohung 28.☐f1! (zugleich auch 28.♔:a3) keine Verteidigung gibt.

25. ... ♝c8–e6!!

Die weiteren Varianten sichtend, schien es mir plötzlich, daß sich die Figuren wie in einem Kaleidoskop verkleinern. Dieses Bild, das anschaulich das Zusammenwirken der Streitkräfte im Schach widerspiegelt, half mir bei den weiteren Aktionen. Eine Figur überläßt ihren Platz einer anderen, eine dritte wechselt mit ihr und so fort bis zur Entstehung des Schlußbildes. Die äußerlich chaotisch anmutenden Verschiebungen vollziehen sich tatsächlich in einer sehr genauen Abfolge, und die Figuren gelangen zu dem Punkt, wo sie gebraucht werden.

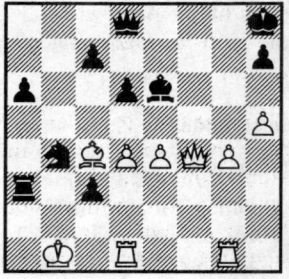

26.♝c4:e6 ♞b4–d3

Um der Dame den Weg zu der entscheidenden Magistrale b8–b1 zu bahnen, opfert Schwarz mit jedem Zug eine Figur. Es scheint, daß auch 26. ... ♞d5 zum Ziel führt, aber nach 27.ed! rettet sich der König unerwartet auf der Route b1–f5 vor dem Untergang.

27.♛f4–f7   ...

Weiß stellt dem Gegner neue Hindernisse in den Weg. Im Falle von 27.♖:d3 folgt ein schnelles Matt: 27. ... ♛b8+ 28.♔c2 ♛b2+ 29.♔d1 ♖a1+.

27. ...   ♛d8–b8+
28.♝e6–b3   ♖a3:b3+
29.♔b1–c2   ...

Wiederum führte Bagirow eine Störung in der Angriffsordnung herbei. Der weiße König ist eingekreist, aber er muß noch zur Kapitulation gezwungen werden. Für eine so entscheidende Operation sind die vorgestoßenen schwarzen Kampfeinheiten nicht stark genug. Ohne das Eingreifen der Dame gelingt es nicht. Aber wie soll man sie zum Einsatz bringen?

29. ...   ♞d3–b4+!

Der entscheidende Zug.

30.♔c2:b3   ...

Zum gleichen Finale führte auch 30.♔c1 ♖b1+! 31.♔:b1 ♞d5+ 32.♔c2 ♛b2+. Hier würde Schwarz nicht später als im achten Zug matt setzen.

In der fernen Zeit der Schachromantik ließ man es in einer Art von Ritterlichkeit zu, eine Kombination auf dem Brett vollständig auszuführen – bis zum Matt. Jetzt herrschen andere Sitten. Matt kündigt man nicht mehr an; der Unterliegende will sich das auch nicht zeigen lassen und gibt auf.

30. ...   ♞b4–d5+
31.♔b3–c2   ♛b8–b2+
32.♔c2–d3   ♛b2–b5+!

Weiß gab auf wegen 33.♔c2 ♛e2+ 34.♔b3 ♛b2+ 35.♔c4 ♛b5 matt!
Keine Partie hat mir eine solche Befriedigung bereitet wie diese. Heute noch fühle ich mich glücklich, wenn ich mich ihrer erinnere. Dann sind alle sportlichen Mißerfolge vergessen, die Freude eines verwirklichten Traumes bleibt.

Auseinandersetzung mit einem modernen System

Jetzt möchte ich auf eine interessante schöpferische Auseinandersetzung eingehen, die mit wechselndem Erfolg zwischen Großmeister Polugajewski und mir über den Zug 6. ... b7–b6 geführt wurde. Ich tue das deshalb, weil ich der Ansicht bin, daß es zum Verständnis (und nicht zum Büffeln!) einer Eröffnungsvariante am besten ist, sie in ihrer historischen Entwicklung zu studieren. Kennt man die Untersuchungen und Fehler der Vorgänger, lassen sich künftig leichter eigene Fehler vermeiden.

Gehen wir zurück in das Jahr 1960 nach Vilnius, wo das Halbfinale zur 28. Meisterschaft der UdSSR stattfand. Eine der wichtigsten Begegnungen im Kampf um die Führung war die Partie Polugajewski–Gufeld. Mein Gegner galt schon damals als Virtuose in der Behandlung der Königsindischen Verteidigung mit Weiß. Deshalb trug unser Duell nicht nur vom sportlichen Gesichtspunkt, sondern auch vom schöpferischen einen grundsätzlichen Charakter. Gegenstand unseres Konfliktes war die Variante *1.d4 ♘f6 2.c4 g6 3.♘c3 ♗g7 4.e4 d6 5.f3 0–0 6.♗e3 b6,* die Ende der fünfziger Jahre an Popularität zu gewinnen begann und zuweilen auch als modernes System bezeichnet wird. Den Zug c7–c5 vorbereitend, behält sich Schwarz die Möglichkeit vor, den Druck auf den Punkt d4 mittels ♘b8–c6 zu verstärken. Sodann will er durch den Vorstoß e7–e5 Weiß zwingen, eine Entscheidung über die Position im Zentrum zu treffen. Der Mangel dieses Plans besteht darin, daß er zu langsam ist und es Weiß ermöglicht, erfolgreich seine Entwicklung zu beenden. Außerdem schwächt er die Diagonale h1–a8.

Der Zug b7–b6 stellt die Einleitung zu einem umfangreichen strategischen Plan gegen den gefährlichen Sämisch-Aufbau dar. Auf den ersten Blick scheint es, daß Schwarz lediglich die Absicht hegt, den Läufer nach b7 zu ziehen. Doch die Fianchettierung des Damenläufers bildet nur ein kleines Detail des Vorhabens von Schwarz, während das Hauptanliegen seines Planes der Vorstoß c7–c5 ist. Hätte Weiß mit dem Zug f2–f3 nicht bereits seine Eröffnungspläne kundgetan, würde ihm das keine Sorgen bereiten. Nehmen wir einmal an, dieser Zug wäre noch nicht geschehen. Dann würde Weiß ♘g1–f3, ♗f1–e2, 0–0 spielen und den Kampf um den Vorstoß e4–e5 führen. Aber ... der Bauer steht eben auf f3, der schwarze Felderkomplex von Weiß ist geschwächt, der Springer kann nicht um den Punkt e5 kämpfen, und der Angriff gegen den König ist auch vereitelt, weil Schwarz, bevor Weiß seine Armee unter dem Schutz des g-

17

und h-Bauern zusammenzieht, einen mächtigen Gegenangriff im Zentrum und am Damenflügel organisieren kann.

Derart sähen die Grundkonturen des schwarzen Planes aus, wenn Weiß auf c7–c5 sofort d4–d5 erwidert. Wenn er die Zentrumsspannungen aufrechterhält, zeigt sich noch eine Besonderheit des Planes von Schwarz: Bisher hat er nicht ♘b8–d7 gespielt, und der Springer kann wirkungsvoll mit ♘b8–c6 in den Kampf um das Zentrum eingreifen. Wenn Weiß nun wiederum nicht d4–d5 zieht, so erobert Schwarz mittels e7–e5! den Punkt d4.

Was kann der Anziehende diesem Plan entgegensetzen? Nehmen wir an, er ignoriert das Vorhaben von Schwarz und forciert die Entwicklung: 7.♕d2 c5 8.♘ge2 ♘c6 9.0–0–0 (auf 9.d5 ist 9. ... ♘e5! gut) 9. ... ♗d7 10.♔b1 e5 11.dc dc 12.♗g5. So spielte Bobozow gegen Spasski (Sofia 1958). Der spätere Weltmeister antwortete 12. ... ♘d4! 13.♘d5 ♗a4!, und es mußte bereits Weiß an den Ausgleich denken.

Bronstein, ein großer Kenner der Königsindischen Verteidigung, versetzte im Jahre 1959 dem Plan von Schwarz einen starken Schlag. In der Partie gegen Lutikow (26. Meisterschaft der UdSSR) zog er 7.♗d3!

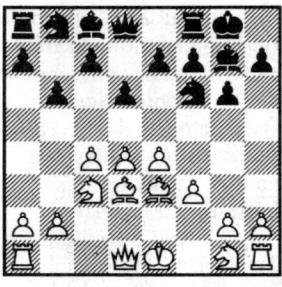

Lutikow erwiderte treuherzig 7. ... c5, worauf ihn der Keulenschlag 8.e5!! traf. Die zwei Ausrufezeichen sollen nicht nur die Stärke des Zuges, sondern auch den Überraschungseffekt hervorheben. Die Gedanken von Schwarz waren nur auf die eine große Diagonale, die schwarzfeldrige, gerichtet. Plötzlich wird man gewahr, daß auf dem Brett noch eine nicht weniger wichtige Magistrale vorhanden ist, um die sich bisher niemand in der Königsindischen Verteidigung gekümmert hatte. Nach 8. ... ♘e8 9.♗e4 ♘c7 10.♗:a8 ♘:a8 besitzt Weiß die Qualität mehr und die bessere Stellung. Der Schlag, den Bronstein gegen das System 6. ... b6 geführt hatte, war so gewaltig, daß es für anderthalb Jahre aus der Turnierpraxis verschwand. Deshalb war Polugajewski äußerst verwundert, als ich mich in Vilnius plötzlich erkühnte, gegen ihn den abgewrackten Zug 6. ... b6 anzuwenden. Er antwortete natürlich nach Bronsteins Muster 7.♗d3 und sah mich fragend an, ob ich vielleicht die von uns gemeinsam beobachtete Tbilissier Partie vergessen haben könnte. Aber es folgte für ihn unerwartet *7. ... a6!*

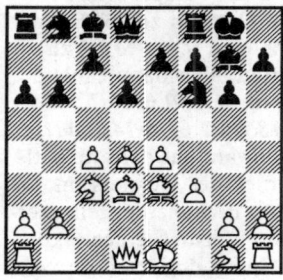

So vollzog sich die Geburt einer neuen Variante in der Königsindischen Verteidigung. Die Wirkung dieser Neuerung übertraf alle meine Erwartungen. Die Hoffnung von Weiß, den Turm a8 zu gewinnen, entschwand, weil für ihn das Feld a7 frei ist. Darüber hinaus ist der Zug a7–a6 für Schwarz auch nützlich, weil er die Möglichkeit bietet, den Vorstoß b6–b5 zu unternehmen. Polugajewski, der am Brett die Widerlegung nicht fand, war verwirrt und spielte im weiteren Verlauf wie ein zum Untergang Verurteilter. Jedenfalls ist es mir nicht oft gelungen, einen Großmeister in dreißig Zügen zu besiegen.
8.♘ge2 c5 9.d5 (ermöglicht Schwarz, die Ideen des Systems durchzusetzen) *9. ... e6!* (eine zusätzliche Ressource,

die besonders wirkungsvoll ist, wenn f2–f3 gespielt wurde) *10.0–0 ed 11.ed* (auf 11.cd käme 11. ... b5!) *11. ... ♘bd7 12.♗c2* (Mikenas empfahl 12.♗g5 ♘e5 13.♘e4) *12. ... ♖e8 13.♕d2 b5!* (nach diesem thematischen Durchbruch fällt die weiße Stellung wie ein Kartenhaus zusammen) *14.cb ab 15.♘g3 b4 16.♘ce2 ♘b6 17.♗g5 ♗a6 18.♖fe1 ♕d7 19.♗e4 ♗c4! 20.b3 ♗:e2 21.♕:e2 ♘:e4 22.fe ♘:d5*
Die Partie ist faktisch entschieden. Weiß könnte das Handtuch werfen, aber Polugajewski entschloß sich dazu erst acht Züge später.
23.♕d2 ♘c3 24.♕d3 ♕g4 25.♗d2 ♘:e4 26.♘:e4 ♗:a1 27.h3 ♕f5 28.g4 ♕e5 29.♕f3 ♕d4+ 30.♔g2 d5. Weiß gab auf.
Allerdings hatte ich mich sehr geirrt, als ich damals naiverweise annahm, daß nach dieser Partie die Problematik des Zuges a6 geklärt sein würde.
Im Januar des folgenden Jahres, also 1961, begann in Moskau das Finale der 28. Meisterschaft der UdSSR. Als ich mich mit Stein auf das Turnier vorbereitete, schlossen wir nicht aus, daß Polugajewski irgend etwas gegen 7. ... a6 gefunden haben könnte. Dennoch beschlossen wir, gegen ihn wieder unsere geliebte Königsindische Verteidigung zu spielen. Die Auslosung brachte aber eine Enttäuschung, denn

ich mußte gegen Polugajewski mit Weiß spielen. Dafür führte ihn die Auslosung gegen Stein bereits in der ersten Runde zusammen.

Aufgeregt verfolgte ich die Entwicklung der Ereignisse. Schon war 6. ... b6 7.♗d3 a6 geschehen, und wir dachten, daß Polugajewski 8.d5 spielt, was ihm nach der Katastrophe in Vilnius in einigen Partien Erfolg gebracht hatte. Auf diesen Zug war von uns ein Gegenspiel vorbereitet worden. Aber es folgte 8.♘ge2 c5 9.e5!

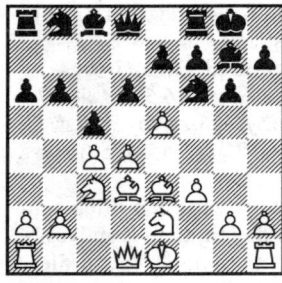

Da war sie – die von Polugajewski vorbereitete Neuerung. Weil er gegen mich mit Schwarz spielen mußte, rächte er sich an Stein. Der spätere Held der Meisterschaft litt daran, daß er einem Plan vertraute, ohne in alle Feinheiten einzudringen.

Der Schlag Polugajewskis ist äußerlich dem Bronsteins in der Partie gegen Lutikow analog. Jedoch besitzt hier die große weißfeldrige Diagonale zweitrangige Bedeutung, denn

das Hauptziel von Weiß ist Raumgewinn im Zentrum. Tatsächlich ist die Stellung nach 9. ... de 10.de ♘fd7 11.♗e4 ♖a7 12.f4! für Schwarz aussichtslos, und der Zug 7. ... a6 hat sich als Tempoverlust erwiesen. Deshalb zog es Stein vor, sogleich 9. ... ♘fd7 zu antworten, aber darauf folgte 10.ed! ed 11.0–0 ♘c6 12.♗c2 ♗b7 13.♕d2 ♘f6 14.♖ad1, und Schwarz hat dem mächtigen Druck des Gegners im Zentrum nichts entgegenzusetzen. Der Versuch eines taktischen Spiels durch 14. ... cd 15.♘:d4 ♘e5 16.b3 d5 wurde widerlegt: 17.♗h6! ♖c8 18.♗:g7 ♔:g7 19.♕g5 ♘c6 20.♘f5+ ♔h8 21.♘:d5 ♘:d5 22.♕h6!, und Weiß gewann bald.

Somit wurde meine Neugierde gratis befriedigt. Schlechter war, daß die Variante einen Riß bekommen hatte.

Eine neue Etappe des Suchens nach einer Verstärkung für Schwarz begann. Anstelle von 7. ... a6 wurde 7. ... ♗b7 angewandt. Eine der ersten Partien, in der ich den Zug 7. ... ♗b7 erprobte, war die Begegnung Spasski–Gufeld. Diese Partie wurde in der 31. Meisterschaft der UdSSR in Leningrad gespielt: 8.♘ge2 c5 9.d5 e6 10.0–0 ♘bd7 11.♗g5 ed 12.♘:d5? ♗:d5 13.cd a6 14.♖c1 (14.a4 b5! 15.ab ♕b6 16.♔h1 ab ist klar vorteilhaft für Schwarz) 14. ... b5 15.b3

Ξ e8 16.♕d2 ♕b6 17.♔h1
Ξ ac8 18.♘g3 c4.
Die Stellung ist günstig für
Schwarz. Ich vermute, daß die
Theoretiker auf diese Partie
kaum Aufmerksamkeit ver-
wandten, da der Nachziehende
im nächsten Zug ein grobes
Versehen beging – 19.♗e3
c3??, und nach 20.Ξ :c3 waren
ihm seine Felle davonge-
schwommen.

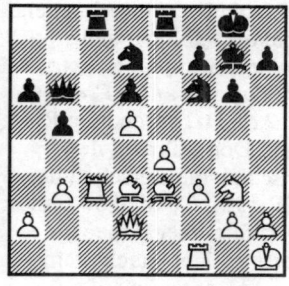

Der Zug 7. ... ♗b7 stellt das
einfachste Verfahren dar, Un-
annehmlichkeiten auf der Diagonale zu vermeiden. Der Leser könnte jedoch fragen,
warum man an diese nahelie-
gende Antwort so lange nicht
gedacht und zuerst den weniger „ästhetischen" Zug a7–a6
versucht hat.
Natürlich richtete sich sogleich
nach der Partie Bronstein–Lutikow die Aufmerksamkeit auf
die Möglichkeit 7. ... ♗b7.
Aber ein echter „Königsinder"
macht niemals einen solchen
Zug leichten Herzens, denn
der weißfeldrige Läufer leistet
Schwarz sehr wichtige Dienste

auf der Diagonale c8–h3. Dort
kontrolliert er den Schlüssel-
punkt f5, unterstützt gegebenenfalls den Vorstoß g6–g5–g4
und – vom Feld d7 aus –
auch das thematische Vorgehen b7–b5. Was soll der Läufer auf b7 tun, wo er auf das
Bauernbollwerk e4–f3–g2
stößt? Wenn Weiß schließlich
d4–d5 zieht, dann befindet
sich der Läufer völlig in einer
Sackgasse. Geht dann nicht
noch ein Tempo verloren,
wenn er nach c8 zurückkehrt?
Allerdings hat der Zug 7. ...
♗b7 auch seine Vorzüge. Vor
allem braucht Schwarz den
Vorstoß e4–e5 nicht zu fürchten. Wenn Weiß wie in der
Partie Polugajewski mit
8.♘ge2 c5 9.e5 fortsetzt, so
verdient dieser Zug schon kein
Ausrufezeichen mehr, weil auf
9. ... de 10.de ♘fd7 11.f4 nun
11. ... ♗:g2 möglich ist. Auch
verborgene strategische Chancen bieten sich an, zum Beispiel 8.♘ge2 c5 9.d5 e6
10.♕d2 ed 11.ed ♘bd7
12.♗h6 ♗:h6 13.♕:h6 ♘e5
14.Ξ d1 a6 15.0–0 b5! Der
halbtote Läufer zeigt die
Zähne! Weiß kann nicht an
ein Schlagen auf b5 denken,
weil dann Schwarz den Bauern
d5 beseitigt und sein Läufer le-
bendig wird.
Allerdings stellt der Zug
10.♕d2 nicht die beste Entscheidung da, doch auch nach
dem natürlicheren 10.0–0 bereitet Schwarz mittels 10. ...

21

ed 11.ed ♘e8! nebst ♘e8–c7 mühelos b6–b5 vor. Dabei nutzt er die Dienste des Läufers aus, der im Falle der Antwort c4:b5 den Bauern d5 aufs Korn nimmt.

Dennoch schüttelten die durch Erfahrung klug gewordenen „Königsinder" mißtrauisch die Köpfe und meinten, daß in der Königsindischen Verteidigung der Zug ♗c8–b7 nicht gut sein kann. Weiß fand Verfahren, diesen anmaßenden Läufer zu zähmen. Furman führte mit Erfolg den Zug 8.♘h3 in die Praxis ein, um nach 8. ... c5 9.d5 e6 10.0–0 ed nun 11.cd! zu antworten und danach den Springer nach f2 zu überführen, wo er im Falle eines weiteren Vorgehens des f-Bauern die wichtigen Punkte e4 und g4 kontrolliert.

Auch die folgende Waffe fand man: 8.♘ge2 c5 9.d5 e6 10.♗g5! Jetzt verfügt Schwarz im Falle von 10. ... ed 11.ed nicht über den Rückzug 11. ... ♘e8, und ohne den Übergang des Springers nach c7 ist es schwierig, b6–b5 zu spielen, zum Beispiel 11. ... ♘bd7 12.b3! ♘e5 13.♗c2 a6 14.a4! Sogar das Endspiel nach 9.0–0 ♘c6 10.♗c2 e5 11.de de 12.♗g5 ♛:d1 13.♖a:d1 ♘d4 14.♗a4 erweist sich als günstig für Weiß. Stein versuchte in der Partie gegen Botwinnik (Mannschaftsmeisterschaft der UdSSR 1964), anstelle des Damentauschs seine Dame zu op-

fern: 12. ... h6 13.♗h4 ♘d4 14.♘d5 ♘:d5. Aber auch hier gestaltete sich nach 15.♗:d8 ♘e3 16.♛d3 ♖a:d8 17.♛:e3 ♘:c2 18.♛c3 ♘:a1 19.♖:a1 ♗a6 20.♛c2! h5 21.♛a4 ♖d2 22.♘c3 ♗c8 23.♖d1 das Spiel günstig für Weiß.

Die „Königsinder" ließen die Köpfe hängen. Der Plan mit 6. ... b6 wanderte ins Archiv. Einige Jahre vergingen, und Kapengut machte von sich reden. Zum Erstaunen seines Gegners Tukmakow wählte er den scheinbar für immer ad acta gelegten Plan 6. ... b6 7.♗d3 a6 8.♘ge2 c5. Das geschah in Rostow am Don während der Mannschaftsmeisterschaft der UdSSR 1971. Tukmakow setzte mit 9.e5 fort, aber Kapengut antwortete nicht „nach Stein" 9. ... ♘fd7, sondern auf seine Weise 9. ... ♘e8!

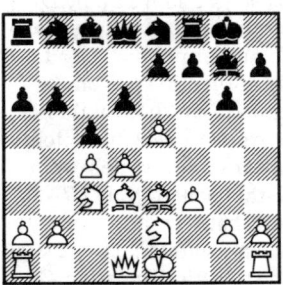

Was hat sich denn verändert, fragte ich mich. Entsteht nicht nach 10.ed ed 11.0–0 eine analoge Stellung? Weshalb steht dann der Springer auf e8 besser?

10.ed ♘:d6!
Deshalb zog sich der Springer nach e8 zurück! Das Bauernopfer zerschlägt den gordischen Knoten, der die schwarzen Figuren band.
11.dc bc 12.♗:c5
Weiß nimmt das Opfer an. Doch vielleicht war die Ablehnung mittels 12.0–0! vernünftiger, z. B. 12. ... ♗e6 13.b3 ♘d7 14.♖c1 ♕a5 15.♘a4 mit der Drohung 16.♘f4 oder 12. ... ♘d7 13.b3 ♗b7 14.♖c1 (14. ... ♕a5 15.♗b1 ♕b6 16.♕e1 ♖fd8 17.♕f2 ♖ac8 18.♖fd1 ♕a5, Holm–Tal, Skopje 1972) mit besserer Bauernstruktur. Die Annahme des Bauernopfers stellt jedoch die prinzipielle Fortsetzung dar.
12. ... ♘d7 13.♗f2 (eine positionelle Kapitulation wäre 13.♗:d6 ed, und Schwarz droht bereits 14. ... ♕b6!)
13. ... ♘e5 14.c5 ♘:d3+ 15.♕:d3 ♗f5 16.♕d5 ♗e6 17.♕d1 ♘c4 18.♕:d8 ♖f:d8 19.b3 ♘b2 20.0–0 ♖d2 21.♖ac1 ♗f5 22.g4 ♗d7. Hier einigte man sich auf Remis. Wie sich später herausstellte, werden wir manchmal das Opfer ungenügender Information. Der Zug 10. ... ♘:d6! war nämlich von Kapengut bereits in der Meisterschaft der RSFSR 1968 angewandt worden, und zwar gegen Boleslawski.
Doch richten wir unseren Blick nach Moskau, wo im März

1972 die Allunions-Olympiade stattfand. Die Begegnung RSFSR–Grusinien führte mich erneut mit Polugajewski zusammen. Wie vor 12 Jahren in Vilnius führte ich die schwarzen Steine. Wieder spielte ich die Königsindische Verteidigung, und wieder wandte ich das System *6. ... b6 7.♗d3 a6* an.
Nach *8.♘ge2 c5* hatte Polugajewski in Vilnius bekanntlich 9.d5 gespielt. In Moskau wählte er den gleichen Plan wie gegen Stein, zog also *9.e5.* Ich antwortete diesmal „nach Kapengut" *9. ... ♘e8 10.ed ♘:d6!* Danach wiederholten sich noch drei Züge der Partie Tukmakow–Kapengut: *11.dc bc 12.♗:c5 ♘d7 13.♗f2 ♘e5.* Nun wich Polugajewski mit *14.b3* ab.

Wahrscheinlich die Schlüsselstellung der Variante. In der Partie Boleslawski–Kapengut ging es weiter mit 14. ... ♘b5! 15.♗e4, und die Kontrahenten einigten sich auf Remis. In seiner Monographie erwähnte Boleslawski, daß durch die, seiner Meinung nach für beide Spieler beste Fortsetzung 15. ... ♘:c3 16.♘:c3 ♞d3+ 17.♕:d3 ♛:d3 18.♗:d3 ♗:c3+ 19.♔e2 ♗:a1 20.♗e4 ♜b8 21.♖:a1 Weiß für die Qualität genügend Kompensation erhält, aber nicht mehr.

Offensichtlich hatte sich Polugajewski mit dieser Empfehlung eingehend vertraut gemacht und sich entschlossen, sie in der Praxis zu prüfen. Möglich, daß er irgendwo eine Verstärkung für Weiß gefunden hatte. In der Partie geschah weiter *14. ... ♘b5 15.♗e4 ♘:c3 16.♘:c3.*

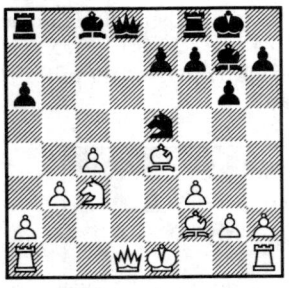

Bisher hatten wir noch keinen einzigen eigenen Zug ausgeführt. Anstelle des von Boleslawski empfohlenen 16. ... ♘d3+ fand ich hier eine Möglichkeit, Öl ins Feuer zu gießen – *16. ... ♗f5!*
Schwarz lehnt die gegnerische Qualität ab und opfert obendrein die eigene. Tatsächlich sieht 17.♗:a8 ♘d3+ für Weiß nicht verlockend aus. Indes

droht jetzt das Schach auf d3 sowieso sehr stark. Weiß muß deshalb einen Zufluchtsort für seinen König ausmachen. Polugajewski spielte *17.♔e2.* (Ich hätte an seiner Stelle 17.0–0 vorgezogen.) Nach *17. ... ♛a5* entschied sich Weiß nicht für die beste Fortsetzung. Statt *18.♗:f5?* wäre wohl 18.♗e1 angebracht gewesen. Kurzum, es wiederholte sich die Situation von Vilnius; die Konfrontation mit einer Eröffnungsüberraschung verwirrte Polugajewski wiederum. *18. ... gf 19.♘d5 e6 20.♗b6 ♛a3!*
Schwarz erlangte bereits das bessere Spiel.
21.♘e3 ♘c6 22.♖b1 ♖fd8!
Nochmals wird ein Qualitätsopfer angeboten, aber jetzt bereits für den schwarzfeldrigen Läufer. Für solchen „Kleinkram" wie den Bauer a2 hat Schwarz vorerst kein Interesse: 22. ... ♛:a2+ 23.♕c2 ♛a3 24.♔f1, und Weiß könnte sich noch verteidigen.
Jetzt dränge Schwarz im Falle von 23.♗:d8 ♖:d8 24.♕e1 ♛:a2+ 25.♔f1 ♗e5 26.♕c1 ♖d2! ins Herz der gegnerischen Stellung ein.
23.♕c1 ♛:a2+ 24.♕c2 ♛a3 25.♖hd1 ♖:d1 26.♕:d1 ♛b4 (nach dem gelungenen Angriff muß man das eroberte Terrain festigen) *27.c5 ♘e5 28.♔f2 ♛b5 29.♕e2*
Schwarz hat die Initiative erlangt und den Bauern zurück-

gewonnen. Weiß mußte um
den Ausgleich kämpfen, wozu
der Zug 29.♘c4 am besten geeignet war. Polugajewski, durch
die Eröffnungsergebnisse aus
dem Tritt gebracht, zeigte
nicht die gewohnte Zähigkeit
und übersah die Variante
29. ... ♘d3+ 30.♔f1 ♗d4!,
die ihn vor nicht leichte Probleme gestellt hätte. Ich ließ
mich jedoch von einer anderen
Möglichkeit verführen.
29. ... ♘d7 30.♕:b5 ab
31.♖d1 ♘:b6 32.cb ♖b8 (gewinnt einen Bauern, aber jetzt
kann Weiß infolge des stark
verminderten Materials langen
Widerstand leisten) *33.b7 ♖:b7*
34.♖d8+ ♗f8 35.♔e2 ♔g7
36.♘c2 ♗e7 37.♖d4 b4
38.♖c4 ♘f6 39.f4 h5 40.g3
♗d6 41.♖c6 ♔e7 42.♖c4
♔d7 43.♔e3 ♖b8 44.♘d4 f6
45.♔f3 ♖b6 46.h3 ♗e7 47.g4
hg+ 48.hg fg+ 49.♔:g4 f5+
50.♔h5 ♖a6 51.♘c2 ♖b6
52.♘d4 ♗d6 53.♔g5 ♖a6
54.♘b5 ♗e7+ 55.♔g6 ♖c6!
Das Partiestadium sieht lang-
weilig aus, aber hier verbergen
sich interessante taktische Nu-
ancen, zum Beispiel falls
56.♖:c6 ♔:c6 57.♔f7, so
57. ... ♗c5 mit überraschen-
dem Fang des Springers.
56.♖d4+ ♔e8 57.♖d1 ♖c2
58.♘d6+ ♔f8 59.♘f7
(59.♘c4 ♖c3) 59. ... ♖g2+
60.♘g5 ♗:g5 61.fg ♔e7
62.♖d3

Der Kampf hat sich belebt,
und Schwarz muß zur Verwertung seines Vorteils studienar-
tige Feinheiten suchen.
62. ... ♖f2!! (opfert den Bauern b4, um dem Freibauern
den Weg frei zu machen)
63.♖d4 e5 64.♖:b4 e4 65.♖b5
♔e6 66.♖b6+ ♔e5 67.♖b5+
♔e6 68.♖b6+ ♔e7 69.♖b5
♔d6! 70.♔f6 e3 71.g6 (71.♖e5
f4!) *71. ... ♖g2!! 72.♖b6+*
♔d5 73.♖b5+ ♔d4 74.♖b4+
♔d3 75.♔:f5 e2 76.♖e4
♖g5+! (darum ging es eigentlich in der Kombination)
77.♔:g5 ♔:e4 78.g7 e1♕
79.g8♕ ♕g1+. Weiß gab auf.
War damit unsere theoretische
Auseinandersetzung beendet?
Auf diese Frage mußten die
folgenden Wettkämpfe Antwort
geben. Ich habe bereits erwähnt, daß sich bei unserem
schöpferischen Streit Stein auf
meine Seite stellte, während
Polugajewski viele Jahre mit
Bagirow zusammenarbeitete.
Bei der 41. Meisterschaft der
UdSSR (1. Liga 1976) setzte
sich unsere lange dauernde
Auseinandersetzung fort: *1.d4*

g6 2.c4 ♗g7 3.♘c3 d6 4.e4
♘f6 5.f3 0-0 6.♗e3 b6 7.♗d3
a6 8.♘ge2 c5 9.e5 ♘e8
10.♗e4!

Das Markenzeichen Bagirows,
der die Partie im Band 16 des
jugoslawischen „Informators"
kommentierte. Aufschlußreich
ist übrigens, daß Bagirow die
Stellung nach 10.ed? ♘:d6!
11.dc bc 12.♗:c5 ♘d7 13.♗f2
♘e5 als aussichtsreicher für
Schwarz bewertet. Daraus läßt
sich der Schluß ziehen, daß
mein theoretischer Streit mit
Polugajewski auf diesem Pfade
nicht weitergehen wird.
10. ... ♖a7 11.dc bc 12.♗:c5
♖d7 13.♗e3 ♗b7 14.♗:b7
♖:b7 15.♕d2 ♗:e5 16.♖d1
♘c6 17.0-0 ♕a5, und Weiß
hat nichts aus der Eröffnung
herausgeholt.
Dennoch sage ich offen: Der
Charakter der Stellung, zu der
es in dieser Partie kam, behagt
mir nicht – sie sieht zu trocken
aus. Deshalb unterbrach ich für
einige Jahre die Anwendung
dieser Variante, zumal sich in
den anderen vorerst noch immer Geheimnisse für die analytische Arbeit verbergen. In unserem prinzipiellen theoretischen Duell waren Polugajewski
und ich quitt. In den letzten
Jahren ging er in Begegnungen
gegen mich und andere „Königsinder" einer Auseinandersetzung mit dem Sämisch-System aus dem Wege.
Vielleicht hatten ihn die von
dem talentierten Großmeister

Raschkowski entwickelten
Ideen beeinflußt. In der Partie
Dorfman–Raschkowski,
49. Meisterschaft der UdSSR,
1. Liga 1981) wandte Schwarz
nach 1.d4 ♘f6 2.c4 g6 3.♘c3
♗g7 4.e4 d6 5.f3 0-0 6.♗e3
b6 7.♗d3 a6 8.♘ge2 c5 9.e5
♘fd7 10.ed das frischen Wind
in die Variante bringende
10. ... cd! an. Es folgte
11.♘:d4 (wie die Begegnung
Sacharow–Godes, Jaroslawl,
zeigte, besitzt Schwarz im
Falle von 11.de ♕:e7 12.♘d5
♕c5 13.♗g5 ♘c6 14.0-0
♘de5 15.♘g3 f5 16.b4 ♕d6
die besseren Chancen) 11. ...
♘c5 12.de (12.♘b3 ed 13.0-0
♘c6 14.♘:c5 dc 15.♗e4 ♗d7
mit geringem Übergewicht für
Schwarz, Zamrjuk–Rasch-
kowski, UdSSR 1981) 12. ...
♕:e7 13.♘d5 ♕e5 14.f4 ♕d6
15.0-0 ♖e8!
Dieser Zug bedeutet eine we-
sentliche Verstärkung der Variante, die bereits ihre Renais-
sance in der Partie Polugajewski–Raschkowski (Sotschi
1977) erlebte, wo 15. ... ♗b7?
16.♗c2 ♗:d5?! (etwas besser
ist 16. ... ♖e8) 17.cd ♕:d5
18.♘f5! mit Vorteil für Weiß
geschah.
16.♗f2 ♗b7 17.♖c1 ♘bd7!
18.b4 ♘:d3 19.♕:d3, und nach
19. ... b5 besaß Schwarz klar
die Initiative. Stärker ist jedoch 16.♘c2! ♘:d3 17.♕:d3
♗f5 18.♕d2 ♘d7, und die
schwarze Initiative kompen-
siert den geopferten Bauern.

Beiden Seiten bieten sich somit genügend Freiräume für die analytische Arbeit, und es bleibt zu hoffen, daß sich mein theoretischer Streit mit Polugajewski fortsetzt.

Partiebeispiele

Partie Nr. 2
Bronstein–Gufeld
28. Meisterschaft der UdSSR, 1961

1.d2–d4	♘g8–f6
2.c2–c4	g7–g6
3.♘b1–c3	♗f8–g7
4.e2–e4	d7–d6
5.f2–f3	0–0
6.♗c1–e3	...

Die elastischste Fortsetzung. Weiß strebt eine freie Figurenentwicklung an und hat die Möglichkeit, zwischen unverzüglicher Vorbereitung der langen Rochade mittels ♕d2 und einer bescheideneren Kräftemobilisierung nach dem Schema ♗d3, ♘ge2 mit anschließender kurzer Rochade zu wählen.
Die Fortsetzung 6.♗g5 wird in den Partien Nr. 9 und 10 betrachtet.

6. ...	e7–e5

Mit diesem natürlichen Gegenstoß im Zentrum nahm die Entwicklung der Theorie und Praxis des Sämisch-Systems ihren Anfang. Später wurden zahlreiche Methoden des Kampfes gegen das mächtige weiße Bauernzentrum gefunden, die in den folgenden Partien untersucht werden.
Hier verfügt Weiß über zwei grundlegende Abspiele: entweder einstweilen die Zentrumsspannungen mittels 7.♘ge2 aufrechtzuerhalten oder durch 7.d5 das Zentrum zu schließen.

7.♘g1–e2	...

Heute wundert sich niemand mehr über diesen Zug, doch damals war 7.d5 populär. Bronstein besaß indes über alle Eröffnungen immer eine eigene Meinung – und oftmals völlig begründet. Insofern war mir bis zu einem gewissen Grade klar, warum er den Textzug anwandte.
Diese Stellung kommt auch mit der Zugumstellung 5. ... 0–0 6.♘ge2 e5 7.♗e3 vor, wobei sich für Weiß außerdem die Möglichkeit 7.♗g5 bietet, um den Vorstoß d6–d5 zu verhindern.

7. ...	c7–c6

Schwarz stehen außerdem die Fortsetzungen 7. ... ed und 7. ... ♘c6 zur Verfügung.
Nach dem Textzug verliert der Standardvorstoß d4–d5 viel von seiner Stärke.

8.♕d1–c2	...

An dieser Stelle erwartete ich eher das natürliche 8.♕d2, was

Bronstein nicht lange vor dieser Partie gegen Sacharow bei der Mannschaftsmeisterschaft der UdSSR gespielt hatte. Schwarz reagierte zu scharf mit 8. ... ed 9.♘:d4 d5?, und nach 10.cd cd 11.e5 ♘e8 12.f4 f6 13.♗b5! waren ihm die Felle davongeschwommen.

Besser ist 8. ... ♘bd7, zum Beispiel 9.d5 cd 10.cd a6 11.g4 h5! (Petrosjan–Geller, 44. Meisterschaft der UdSSR, 1976). Gefährlicher für Schwarz erscheint die neue Idee 9.♖d1!? ♘b6 10.b3 ed 11.♘:d4 ♖e8 12.♗e2 d5 13.ed cd 14.c5 ♛e7 15.♔f2 (Schiffer–Bellon, Amsterdam 1980).

Angemerkt sei, daß das unverzügliche 8.d5 zu den üblichen Stellungen der Hauptvariante führt, aber mit der passiven Springerentwicklung nach e2, zum Beispiel 8. ... cd 9.cd a6 10.♘g3 (das aktiv anmutende 10.g4 verschafft dem Nachziehenden prächtige Konterchancen: 10. ... h5! 11.h3 ♘bd7 12.♗g5 ♛b6 13.♛d2 ♘h7, Popow–Kunsztowicz, Dortmund 1972) 10. ... ♘bd7 11.♗e2 h5 12.♗g5 ♛e8 13.♛c2 ♘h7! 14.♗d2 ♛d8 15.♘f1 (Petrosjan–Gligorić, Manila 1974). Nach Meinung Taimanows erlangt Schwarz mit Hilfe des Manövers ♗g7–f6–g5 wirksames Gegenspiel.

  8. ...   ♘b8–d7
  9.0–0–0 ♛d8–e7!

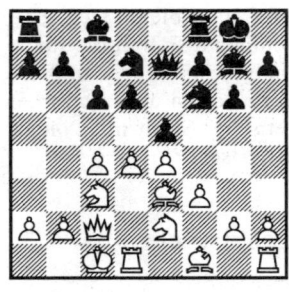

Eines meiner „Patente" in der Königsindischen Verteidigung. Ich bin seit langem zu dem Schluß gekommen, daß die Dame auf diesem Feld am günstigsten steht. Insbesondere verteidigt sie im Falle eines gegnerischen Durchbruchs auf der h-Linie (nach h5:g6 und f7:g6) den Bauern h7, so daß ein Abtausch des Läufers g7 und die Vertreibung des Springers f6 für Schwarz ungefährlich sind. Noch naheliegender ist, daß sich die Dame dem „Blick" des Turmes d1 entzieht. Natürlich ist in der Schachstrategie die Zugwahl immer ein Problem. Ein Angriffsspieler hielte hier vielleicht die Stellung der Dame auf a5 für die günstigste. Doch nach 9. ... ♛a5 10.♔b1 a6 11.♘c1 b5 12.♘b3 muß sich die Dame unverrichteterdinge zurückziehen.

  10.g2–g4   a7–a6

Weiß hätte jetzt Grund, die Partie mit 11.h4 fortzusetzen, aber Bronstein traf eine andere Entscheidung.

11.d4–d5　　　　　...

Die Festlegung des Zentrums
sähe überzeugender aus, wenn
die Dame auf d2 stände. Jetzt
verschafft die Öffnung der c-
Linie dem Nachziehenden eine
zusätzliche Gegenchance.

11. ...　　　　　c6:d5

In den Berechnungen durfte
hier die Möglichkeit 12.g5
nicht außer acht gelassen werden. Falls Schwarz gezwungen
wäre, den Springer wegzuziehen, würde 13.♘:d5 unangenehm sein. Aber ich bemerkte
rechtzeitig den scharfsinnigen
Gegenstoß 12. ... d4! 13.gf
♘:f6, und Schwarz hätte keinen Anlaß zur Sorge.

12.c4:d5　　　　　b7–b5
13.♘e2–g3　　　　♘d7–c5
14.b2–b4!　　　　...

Nur so läßt sich die schwarze
Initiative am Damenflügel parieren, die im Falle von 14.h4
♗d7 15.♔b1 ♖fc8 16.♕d2
♖ab8 gefährlich werden
konnte. Jetzt steht Schwarz vor
nicht leichten Problemen.

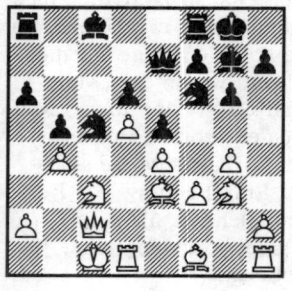

Der natürliche Rückzug des
Springers nach d7 gefiel mir
nicht, denn er nimmt dem
Läufer dieses Feld, und er
kann auch nicht sogleich nach
b6 galoppieren. Zwar hat Weiß
seine Königsstellung ernsthaft
geschwächt, aber das ist eine
allgemeine Erwägung. Konkret
betrachtet, gruppiert Schwarz
vorerst für den Angriff um,
und Weiß ist dabei, seine Position nicht nur zu festigen, sondern auch selbst die c-Linie zu
besetzen. Allerdings muß man
nicht die weißen Aktionen für
völlig begründet halten, da
Schwarz bisher logisch spielte.
Warum sollte Weiß dann Übergewicht besitzen?

14. ...　　　　　♘c5–a4

Die richtige Antwort. Schwarz
ist verpflichtet, einen Bauern
zu opfern, wenn er die Richtigkeit seiner Strategie beweisen
will. Es handelt sich hier um
ein typisches Positionsopfer,
dessen Folgen sich einer genauen Berechnung entziehen.

15.♘c3:a4　　　　b5:a4
16.g4–g5　　　　♘f6–e8
17.h2–h4　　　　...

Bronstein lehnt die Annahme
des Opfers ab, und tut dies sicherlich nicht unüberlegt.
Schwarz besitzt Kompensation
in Form einer freien Entwicklung mit Zielrichtung Damenflügel, was die Entfaltung eines
gegnerischen Spiels am Königsflügel beeinträchtigt. Mit

29

mehr kann Schwarz vorerst nicht rechnen, da die Ungenauigkeiten des Anziehenden nicht so wesentlich waren.

17. ...   ♝c8–d7
18.♔c1–b2   ♖a8–c8
19.♛c2–d2   ...

Warum nicht 19.♛h2? Da droht doch h4–h5 mit dem Schlag auf h7. Nun, diese Drohung ist eine Täuschung. Sie wird, wie bereits ausgeführt, von der auf e7 stehenden schwarzen Dame abgewehrt. Überzeugen wir uns: 19. ... ♞c7 20.h5 ♝h8! 21.hg fg, und der Bauer h7 ist gedeckt. Deshalb tut die Dame gut daran, sich nahe dem eigenen König aufzuhalten.

19. ...   ♞e8–c7
20.h4–h5   ♖c8–b8
21.♔b2–a3   ...

Bronstein postiert den König originell und gibt damit dieser Partie ein ungewohntes Bild. Natürlich war 21.♔a1 ungefährlicher, aber sein Zug ist psychologisch gerechtfertigt – der Zug narrte mich.
Ja, Bronstein hat einen starken Zug gemacht, dachte ich. Mir kam sogleich der Ausdruck „Listen-David" in den Sinn! Dieser schmeichelhafte Spitzname war damals populär, als David Bronstein buchstäblich in jeder Partie mit paradoxen, unerwarteten Ideen glänzte. Deshalb entschloß ich mich, nachdem ich den weiteren Ak-

tionsplan durchdacht hatte, das bekannte Verfahren „scheinbare Zugwiederholung" anzuwenden. Diese Methode ist wirksam, wenn sich die Zugwiederholung zweimal forcieren läßt und man anschließend mit einer aktiven Fortsetzung aufwarten kann. Gewöhnlich greift man auf dieses Verfahren in Zeitnot zurück. Wir befanden uns zwar nicht in Zeitnot, aber immerhin war Bronstein ihr näher als ich.
So bestand das erste Ziel meiner scheinbaren Zugwiederholung auch darin, Bronstein zu längerem Nachdenken zu veranlassen. Und Grund zum Nachdenken gab es. Damals beklagte sich Bronstein häufig, daß die jungen Meister, mitunter sogar in besseren Stellungen, wenn sie gegen Großmeister spielen, dem Kampf aus dem Weg gehen, um zu „tricksen". Mein Verhalten konnte bei ihm jetzt eben auch den Eindruck erwecken, daß mir an einer Fortsetzung des Kampfes nichts gelegen sei.
Als zweites Ziel bezweckte ich, meinen Gegner zu demobilisieren, denn wenn er während der Partie an ablenkende Themen denkt und wegen der „Memmenhaftigkeit" der jungen Meister hadert, konnte ihn dies schaden. Dann erwiese sich meine Entscheidung, das Remis abzulehnen, als kein schlechter psychologischer Schachzug.

21. ...	♗d7–b5	25. ...	♖b7:c7
22.♗f1–h3	♗b5–d7	26.♗f1:a6	...
23.♗h3–f1	...		

Das Verfahren übertraf alle meine Erwartungen. Bronstein dachte zwanzig Minuten lang über die offensichtlichen Antwortzüge nach – später wirkte sich dieser Zeitverlust aus. Als ich meinen folgenden Zug ziemlich entschlossen ausführte, erkannte ich an dem veränderten Gesichtsausdruck meines Gegners, daß mein Pfeil ins Schwarze getroffen hatte.

23. ...   ♖b8–b7

Besser war 23. ... ♘b5+ 24.♗:b5 ♖:b5 nebst ♖f8–b8. Mir schien, daß es gleich sei, wie ich die Türme auf der b-Linie verdopple. So verhielt es sich aber nicht.

24.♖d1–c1   ♖f8–b8

Folgerichtig, aber die Listigkeit des Gegners unterschätzend. Noch war es nicht zu spät für 24. ... ♘b5+, obwohl das ein Tempoverlust wäre.

25.♖c1:c7!   ...

Das war es, was Bronstein vorbereitet hatte. Das Qualitätsopfer ermöglichte es Weiß, die unmittelbaren Drohungen abzuwehren und Gegenchancen zu erlangen. Erneut entbrennt ein erbitterter Kampf, den die sich anbahnende Zeitnot verschärft.

Jetzt steht der König auf a3 günstig, und Schwarz fehlt die wichtige Ressource a6–a5. In derartigen Situationen kommt es darauf an, sich rechtzeitig umzustellen und neue Kampforientierungen aufzuspüren. Solche Orientierungen bilden jetzt die Abwehr zeitweiliger weißer Drohungen und die allmähliche Verwertung des Materialübergewichts.

26. ...	♛e7–e8		
27.h5:g6	h7:g6		
28.♖h1–c1	♖c7:c1		
29.♛d2:c1	♗d7–b5		
30.♗a6:b5	♛e8:b5		
31.♗e3–d2	♗g7–f8		
32.♛c1–c6	♛b5–d3+		
33.♛c6–c3	♛d3–a6		
34.♛c3–c6	♛a6–a7		

Der Umstand, daß Schwarz den Damentausch vermeiden muß, weil dann der Bauer a4 fällt, erschwert seine Aufgabe. Zwar kann er auch bei Vorhandensein der Dame verlorengehen, aber dann wäre der weiße König entblößt.

35.♘g3–e2   ...

Der Springer strebt zum Bauern a4, weswegen Weiß bereit ist, den Bauern f3 zu geben.

35. ...	♛a7–f2
36.♛c6–c4!	♛f2:f3+

31

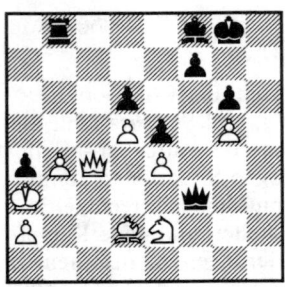

Der Kulminationspunkt. Ich hatte das logische 37.♘c3 erwartet, worauf ich entschlossen war, 37. ... ♕h3 nebst 38. ... ♖c8 zu antworten – Weiß nimmt den Bauern a4, muß aber taktische Drohungen abwehren. Dieser Perspektive konnte jedoch Bronstein nichts abgewinnen und zog es vor, den Bauern sofort zu schlagen. Ich kann mir vorstellen, wie lästig ihm dieser Bauer war, wie lange er ihn schon beseitigen wollte. Deshalb konnte er sich nicht enthalten, ihn bei der ersten sich bietenden Gelegenheit zu schlagen.

37.♔a3:a4?　　♖b8–a8+
38.♔a4–b5　　♕f3–f2!!

Diese bescheidene Fortbewegung der Dame um ein Feld hatte Bronstein übersehen oder unterschätzt.
Hier sei an eine Anekdote erinnert, die sich vor rund hundert Jahren zugetragen haben soll. Eine des Schachs unkundige Dame gerät zufällig in ein Schachturnier und sieht, wie ein Meister nach halbstündigen Überlegen einen ähnlichen Zug mit der Dame ausführt, wonach sie verwundert sagte: „Er hat so lange nachgedacht über einen so kurzen Zug!" Im Unterschied zu diesem Meister hatte ich bei meinem Zug fast nicht nachgedacht – dafür blieb keine Zeit.

39.a2–a4　　　♖a8–b8+
40.♔b5–c6　　♕f2–b6+
41.♔c6–d7　　　 ...

Der letzte Gang.

41. ...　　　♖b8–d8 matt.

Nun ein neueres Beispiel für die ultramoderne Variante.

Partie Nr. 3
Gligorić–Gufeld
Belgrad 1974

1.d2–d4　　　♘g8–f6
2.c2–c4　　　g7–g6
3.♘b1–c3　　♗f8–g7
4.e2–e4　　　d7–d6
5.f2–f3　　　 ...

Die Wahl des Sämisch-Systems durch den jugoslawischen Großmeister kam für mich nicht überraschend, weil Gligorić beständig mit Schwarz die Königsindische Verteidigung spielte und häufig selbst gegen diesen Aufbau kämpfen mußte.

5. ...　　　　　0–0
6.♗c1–e3　　♘b8–c6

Gligorić ist ein Anhänger der Fortsetzung 6. ... e5 oder 6. ... c6 7.♗d3 e5. Deshalb hatte ich allen Grund, ein anderes Abspiel zu wählen.

Schwarz bereitet den Flanken-vorstoß b7–b5 vor, der sich gegen die lange Rochade richtet, und nimmt gleichzeitig den Punkt d4 unter Kontrolle. Bei der ersten sich bietenden Gelegenheit plant sein Springer, sich auf diesem wichtigen Feld einzunisten.

7.♘g1–e2   ♖a8–b8

Diese Zugfolge wurde von I. Saizew in die Turnierpraxis eingeführt. Ihr Sinn besteht darin, daß sich Schwarz in der Variante 8.♘c1 e5 9.d5 ♘d4 10.♘b3 c5 frühzeitig auf die Öffnung der b-Linie vorbereitet.

8.♕d1–d2   a7–a6

9.a2–a4   ...

Dieser Zug entspricht nicht dem Geist der Variante. Weiß dehnt die Frontlinie zu weit aus, und das Gegenspiel von Schwarz am Damenflügel gewinnt dadurch an Stärke. Mit den Alternativen 9.♘c1

und 9.♗h6 beschäftigen wir uns in der folgenden Partie. Hier wollen wir auf die Möglichkeit *9.h4* eingehen. Als Antwort auf die Verlagerung der Aktivität zum Königsflügel kann Schwarz mechanisch das Vorgehen des h-Bauern mittels 9. ... h5 unterbinden oder unverzüglich den Gegenstoß 9. ... b5 an der gegenüberliegenden Brettseite unternehmen.

a) *9. ... h5 10.0–0–0*
Un unklarem Spiel führt 10.♘d5 b5 11.♘:f6+ ef 12.g4 f5 13.gf bc 14.♘f4 ♘b4 15.fg fg (Rasuwajew–Aranović, Lublin 1976).
Häufiger vor kommt 10.♗h6 e5 11.♗:g7 ♔:g7 12.0–0–0 b5 13.de (schwächer ist 13.d5?! ♘a5 14.cb ab 15.♘g3 ♗d7 16.♘:b5 ♗:b5 17.♕:a5 ♗:f1 18.♖h:f1 ♖a8!, und Schwarz ergreift die Initiative, Besgan–Luzko, Duschanbe 1980) 13. ... ♘:e5 14.cb (unklar ist das unverzügliche 14.♘f4 bc 15.♗e2 ♖h8 16.g3 ♘fd7 17.♕d4 ♘b6 18.♖d2 ♗b7, Gligorić–Quinteros, Lone Pine 1980) 14. ... ab 15.♘f4 b4 16.♘cd5 ♘:d5 17.♘:d5 c5 18.f4 ♘c6 19.f5! Die Chancen von Weiß sind vorzuziehen (Rivas–Mestel, Mirabella 1982).

10. ... b5 11.♘f4
Zu erwägen ist auch 11.♗h6, zum Beispiel 11. ... e5 12.♗:g7 ♔:g7 13.d5 ♘a5 14.cb ab 15.♘g3 b4 16.♘b5! (Ivanov–Blocker, USA 1985).

33

11. ... bc

Weniger genau ist 11. ... ♗d7 wegen 12.g4 ♘:d4 13.♗:d4 e5 14.♗a7!? ♖b7 (oder 14. ... ♖a8 15.♘:h5 ♖:a7 16.♘:g7 ♔:g7 17.h5 ♖h8 18.c5 b4 19.♘e2 ♗e6 20.♔b1 ♕e8 21.♗g2 mit Übergewicht für Weiß, Podgajew–Lanka, Lwow 1984) 15.♘:h5 gh 16.♗e3 (Brilla-Vanfalvi–Roge, Fernpartie 1985).

12.♗:c4 e5 13.de ♘:e5 14.♗b3 ♕e8! 15.♘fd5 ♘:d5 16.♘:d5 ♗e6. In der Partie Ree–Mestel (Plowdiw 1983) entstand diese Stellung, die beiderseitige Chancen bietet.

b) 9. ... b5

Eine scharfe Fortsetzung, die dem Geist des Sämisch-Systems mehr entspricht. Ohne Zeit zu verlieren, ist Schwarz bestrebt, den Kampf um die Initiative am Damenflügel zu beginnen, allerdings erweisen sich die Drohungen von Weiß als stärker.

10.h5

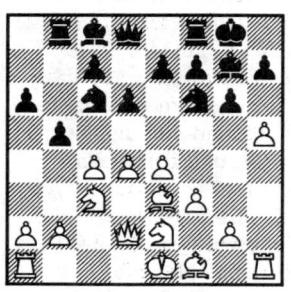

Die prinzipiellste Entscheidung, die einen Kampf einlei-

tet nach dem Motto „wer ist schneller?".

Die Öffnung von Linien am Damenflügel gereicht nur Schwarz zum Vorteil: 10.cb ab 11.♗h6 e5 12.♗:g7 ♔:g7 13.h5 ♕e7 14.0–0–0 ♘b5 15.g4 c5 (Stscherbakow–Shelnin, UdSSR 1976).

10. ... bc

In der Partie Timman–Kasparow (Bugoino 1982) führte 10. ... e5 11.d5!? (möglich ist auch 11.de!? ♘:e5 12.♘f4 bc 13.hg hg 14.0–0–0 ♖e8 15.♕f2 ♘h7!, Mich. Zeitlin–Loginow, Omsk 1985) 11. ... ♘a5 12.♘g3 bc 13.0–0–0 ♘d7?! 14.hg fg 15.♘b1! ♖b5!? 16.b4! cb 17.♗:b5 zum Übergewicht für Weiß. Jedoch war nach der Meinung des Weltmeisters 13. ... c6 bedeutend stärker.

11.hg fg

Das Feld f7 ist für den Turm notwendig (12.♗h6 ♖f7!).

12.♘f4 e6

Eine Prüfung verdient auch 12. ... ♘a5!?

13.♗:c4 d5

Gefährlich wäre 13. ... ♕e7 14.0–0–0 ♘d8 15.g4 ♘f7 wegen 16.g5 ♘:g5 17.♘:g6 hg 18.♗:g5 mit starken Drohungen.

14.♗b3.

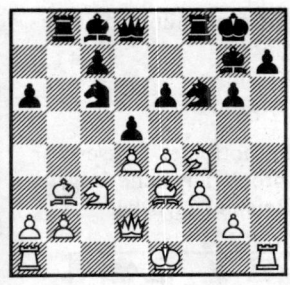

Schwarz steht vor der nicht einfachen Wahl, entweder sofort die Qualität zu opfern – 14. ... ♖:b3 15.ab de 16.0–0–0 ef 17.gf ♘a5 18.♕h2 g5 19.♘d3 (Rasuwajew–Doroschkewitsch, Rostow am Don 1976) – oder dies erst nach 14. ... ♘a5 15.e5 ♘e8 16.g4 zu tun: 16. ... ♖:b3 17.ab ♘:b3 18.♕h2 ♘:a1 19.♕:h7+ ♔f7 20.♕:g6+ (Lukić–Martinović, Niš 1977), doch in beiden Fällen steht das Übergewicht von Weiß außer Zweifel.

9. ...   e7–e5

Ein Gegenstoß, der es Schwarz in Verbindung mit dem folgenden Springermanöver ermöglicht, das Spiel auszugleichen.

10.d4–d5   ♘c6–a5

Natürlich nicht 10. ... ♘e7 11.c5, und die Initiative am Damenflügel befindet sich gänzlich in den Händen von Weiß.

11.♘e2–c1   c7–c5
12.♖a1–b1   ...

Die Linienöffnung 12.dc bc käme nur Schwarz gelegen.

12. ...   b7–b6
13.b2–b4   c5:b4

Fehlerhaft ist 13. ... ♘b7 14.a5.

14.♖b1:b4   ♘f6–d7
15.♗f1–e2   ♘d7–c5
16.0–0   f7–f5

Die Umgruppierung 16. ... ♕c7, 17. ... ♗d7 und ♖f8–c8 mit dem Vorstoß f7–f5 in petto verdiente ebenfalls Beachtung.

17.♕d2–e1   ...

Weiß beeilt sich nicht, den Springer nach b4 zu spielen, weil auf 17.♘1a2 Schwarz 17. ... ♘ab3 nebst ♘b3–d4 erwidert. Aber wie sich zeigen wird, ist der Textzug überflüssig. Möglich war 17.♗:c5 dc 18.♖b1 ♕h4 19.d6.

17. ...   ♗c8–d7
18.♕e1–d1   ♕d8–h4

Mit dem Druck auf den Punkt e4 verfolgt Schwarz ein doppeltes Ziel. Einmal will er den Gegner zu zwingen, auf f5 zu nehmen, was ihm nach g6:f5 klares Übergewicht verschafft. Zum anderen kann er auch selbst auf e4 zu tauschen und Weiß eine weitere Bauernschwäche zufügen. Nicht schlecht sähe gleichfalls 18. ... ♗f6 19.♕d2 f4 20.♗f2 ♗h4 aus.

35

19.♗e3–f2   ♛h4–g5
20.♘c1–d3   ♗g7–h6
21.♛d1–b1!   ...

Ein ausgezeichnetes Manöver.
Trotz der äußerlichen Aktivität
sind jetzt für Schwarz reale
Wege, um Übergewicht zu erlangen, nicht erkennbar. Auf
21. ... ♛d2 folgt 22.♗e1
♛e3+ 23.♗f2 usw.

21. ...   f5:e4
22.♘c3:e4   ...

Natürlich verbietet sich
22.♘:c5 ef.

22. ...   ♘c5:e4
23.f3:e4   ♖b8–c8

Das verführerische 23. ... ♗h3
scheitert an 24.♘e1.

24.♛b1–a2!   ...

Gligorić neutralisiert sorgfältig
die Initiative von Schwarz, und
es scheint, die Partie würde
einen friedlichen Ausgang nehmen – gäbe es nicht die sich
anbahnende Zeitnot.

24. ...   ♛g5–d2
25.♖b4–b2   ...

Ein Fehler. Im Falle von
25.♛:d2 ♗:d2 26.♖:b6 ♘:c4
27.♖:a6 ♖a8 28.♖:a8 ♖:a8
29.♘c5 würde Weiß leicht Remis erreichen.

25. ...   ♛d2–g5

Energischer war 25. ... ♛c3.

26.♖b2–c2   ...

Weiß überschätzt seine Stel-

lung. Er mußte 26.♖b4 spielen.

26. ...   ♘a5–b7
27.♗f2:b6   ...

Ein Zeitnotfehler. Besser war
jeder prophylaktische Zug,
zum Beispiel 27.♔h1.

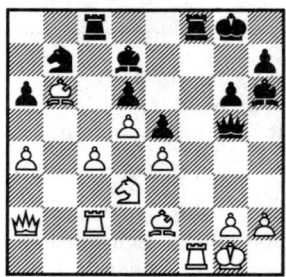

27. ...   ♘b7–c5

Der schwarzfeldrige Läufer ist
vom Königsflügel abgeschnitten, und Weiß geht rasch zugrunde.

28.♗b6:c5   ...

Hartnäckiger war 28.♘:c5, was
noch eine hübsche Falle stellt:
28. ... ♛e3+ 29.♔h1 ♛:e2?
30.♖g1!, und Weiß gewinnt.
Der Gerechtigkeit halber sei
aber bemerkt, daß nach 29. ...
dc dessen Stellung hoffnungslos wäre.

28. ...   d6:c5
29.♔g1–h1   ♛g5–e3
30.♖c2–c1   ♛e3:e4
31.♖f1:f8+   ♖c8:f8
32.♖c1–e1   ♗d7–h3
33.♖e1–g1   ♗h6–e3

Weiß gab auf.

Partie Nr. 4
Beljawski–Gufeld
Spartakiade, Moskau 1979

1.d2–d4   ...

Sogleich wurde es mir leichter
ums Herz. Bisher hatte Beljawski alle unsere Begegnungen mit dem Zug 1.e2–e4 be-
gonnen mit für ihn günstigem
Verlauf. Warum änderte er
diesmal die Waffe? Sicherlich
um mich zu veranlassen, das
geliebte Königsindisch zu wählen, weil er irgendeine Verstärkung gefunden hat.

1. ...	♘g8–f6
2.c2–c4	g7–g6
3.♘b1–c3	♝f8–g7
4.e2–e4	d7–d6
5.f2–f3	0–0
6.♝c1–e3	♘b8–c6
7.♘g1–e2	♜a8–b8
8.♛d1–d2	a7–a6

Nachdem ich den Bauern gezogen hatte, warf ich einen for-
schenden Blick auf meinen
Gegner. Alle Entwicklungszüge
waren getan und der Zeitpunkt
gekommen, die Karten aufzu-
decken. Weiß verfügt hier über
eine große Auswahl von Fortsetzungen, zum Beispiel
9.♝h6 b5 10.h4, wie Bagirow
gegen mich im Jahre 1973
spielte.

9.♘e2–c1   ...

In der jugoslawischen „Enzy-
klopädie der Schach-Eröffnun-
gen" wird diesem Zug ein ge-

ringer Vorzug gegenüber allen
anderen Fortsetzungen einge-
räumt. Wenn man bedenkt,
daß die Autoren des Teils der
Königsindischen Verteidigung
Karpow und Rasuwajew sind,
läßt sich Beljawskis Wahl ohne
weiteres erklären.

9. ...   e7–e5
10.♘c1–b3   ...

Karpow und Rasuwajew bewerten die Chancen der mit diesem
Zug beginnenden Variante für
beide Spieler gleich und ziehen
10.d5 ♘d4 11.♘1e2 vor. Ich
stimme mit dieser Einschätzung überein, obwohl ich der
Ansicht bin, daß die Chancen
von Schwarz hier ebenfalls
nicht schlechter sind, zum Beispiel 11. ... ♘:e2! (auf 11. ... c5
wird 12.dc ♘:c6 13.♜d1!? für
das beste gehalten; ein neueres
Beispiel zu diesem Thema ist
die Partie Nr. 5, Polgar–Gufeld,
1988) 12.♝:e2 ♘h5 13.0–0–0
(13.0–0 f5 14.c5 ♘f6 15.♛c2 f4
16.♝f2 g5, und der Angriff von
Schwarz am Königsflügel ist gefährlicher als die weiße Initiative am Damenflügel, da
17.♘a4 mittels 17. ... b5! pariert wird; die Züge a7–a6 und
♜a8–b8 erweisen sich hier als
äußerst nützlich) 13. ... f5 14.c5
f4 15.♝f2 ♝f6! mit der Idee
♝f6–h4, und auf 16.h4 wäre
16. ... ♘g3! möglich. Aber
trotzdem bleibt das Spiel geschlossen, während jetzt die
Diagonale des Läufers g7 geöffnet wird.

| 10. ... | e5:d4 |
| 11.♘b3:d4 | ♘c6—e5 |

Die Theorie empfiehlt ebenfalls 11. ... ♘:d4 12.♗:d4. Aber dann taucht auf dem Platz des zentralisierten Springers d4 der mächtige Läufer auf. Nach 12. ... ♗e6 13.♗e2 c6 14.0–0 b5 verdient 15.b3!? Beachtung. Betreffs 15.cb sei auf die Partie Nr. 6 (Keck–Gufeld) verwiesen.

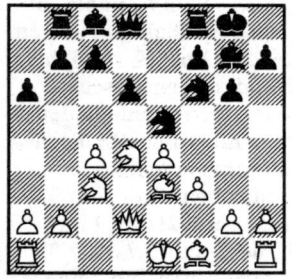

12.♗f1—e2?! ...

Der erste kritische Augenblick. Als genauer gilt zunächst 12.♖d1!, um den Vorstoß c7—c5 nicht zuzulassen. Dieser Zug ist keineswegs neu; so spielte Weiß bereits in der Partie Bobozow–Portisch (1959). Dort folgte 12. ... c6 13.♗e2 b5 14.0–0 (später stellte sich heraus, daß 14.cb ab 15.b4 noch stärker ist) 14. ... c5 15.♘b3 ♘:c4 16.♗:c4 bc 17.♘:c5, und für Schwarz ist es schwierig, Gegenspiel zu erlangen. Jetzt hat sich meine Aufgabe etwas vereinfacht, denn es bie-

tet sich die Gelegenheit, einen vor langer Zeit von Portisch beschrittenen Weg zu wählen.

12. ...	c7—c5!
13.♘d4—c2	♗c8—e6
14.b2—b3	...

Weiß muß den Punkt c4 verteidigen.

14. ...   ♛d8—a5!

Auch Schwarz muß gewisse Vorsicht walten lassen. Naheliegend erschien 14. ... b5, aber die weiße Stellung ist einstweilen nicht so schlecht, um zu derart scharfen Mitteln zu greifen. Ich hatte einmal die Variante 15.cb ab 16.♘:b5 d5 17.♗:c5 de 18.♗:f8 ♛:f8 19.♛d6 analysiert, jedoch keine ausreichende Kompensation für das Opfer gefunden.

| 15.0–0 | b7—b5 |
| 16.c4:b5 | a6:b5 |

Jetzt hängt über der weißen Stellung die ständige Drohung b5—b4 mit anschließendem c5—c4 oder d6—d5.

17.♖f1—d1!   ...

Beljawski ergreift Maßnahmen gegen die sich anbahnende schwarze Initiative. Auf 17. ... b4 18.♘a4 c4 plante er 19.♘d4, und 19. ... c3 20.♛c2 ist ungefährlich, da Weiß den Vorstoß a2—a3! in Reserve hat.

17. ...   ♖f8—e8

Während der Partie gefiel mir dieser Zug angesichts der von

38

dem Turm e8 ausgehenden röntgenartigen Bedrohung des Läufers e3 sehr gut. Allerdings ergab die Analyse, daß es sich hier um eine rein spekulative Überlegung handelt ohne konkretisierbare Varianten. Weiß konnte jetzt mit 18.♘d5 vereinfachende Abtauschaktionen erzwingen.

Deshalb verdiente 17. ... ♘ed7! den Vorzug, was dem Läufer g7 den Weg frei macht sowie auch beizeiten den Bauern c5 festigt.

18.♗e3–f2   ...

Indem er von 18.♘d5 Abstand nimmt, zeigt Weiß übermäßigen Optimismus. Der Grund für diesen Zug besteht nicht darin, daß sich der Läufer der Opposition des Turmes entzieht. Weiß räumt einfach das Feld e3 für den Springer, der von hieraus die Punkte d5 und c4 kontrollieren kann. Wie wichtig diese Felder sind, beweist die folgende Variante: 18.♖ac1 b4 19.♘a4 c4 20.♖b1 (schlecht ist 20.♘d4 cb 21.ab ♗:b3!) 20. ... d5! 21.ed ♗:d5, und das Spiel öffnet sich zugunsten von Schwarz. Wenn sich jedoch der Springer nach e3 begibt, sieht im Falle von b5–b4 nun ♘c3–d5 gut aus. Das Roß findet allerdings nicht die Zeit für diesen einen Zug.

18. ...   ♘e5–d7!

Der Springerrückzug stützte sich auf konkrete Überlegungen: Schwarz läßt 19.♘d5 nicht zu und droht selbst 19. ... d5! Falls dann 20.ed, so 20. ... ♘:d5! 21.♘:d5 ♗:d5 22.♕:d5 ♖:e2 mit Vorteil für Schwarz.

Die Idee des elastischen Springerrückzuges besteht ferner darin, daß auf das von Weiß geplante 19.♘e3 sowohl 19. ... ♘g4! 20.♖ac1 ♘:f2 21.♔:f2 ♗h6 als auch 19. ... b4 20.♘cd5 (20.♘a4 d5! 21.ed ♘:d5) 20. ... ♗:d5 21.ed ♗h6 mit der Drohung ♘d7–b6:d5! folgen kann. Deshalb muß Weiß den Turm von a1 wegziehen, was nicht nur den Bauern a2 schwächt, sondern auch den ganzen Damenflügel.

19.♖a1–c1   ...

War vielleicht 19.♖ab1 besser? Wie sich bald herausstellt, braucht der Bauer b3 Unterstützung. Auf 19.♖ab1 geschieht jedoch stark 19. ... b4 20.♘a4 (schlecht wäre 20.♘d5 ♗:d5 21.ed ♕:a2) 20. ... d5!, zum Beispiel 21.ed ♗:d5 22.♘e3 ♗h6 oder 22.♗f1 ♗c6 bzw. 22.♘a3 ♖:e2! Antwortet Schwarz auf den Textzug 19. ... b4 20.♘a4 d5, folgt 21. ed ♗:d5 22.♘e1!, und der Turm c1 leistet dem Anziehenden wertvolle Dienste (z. B. 22. ... ♖bc8 23.♗c4! nebst ♘e1–d3).

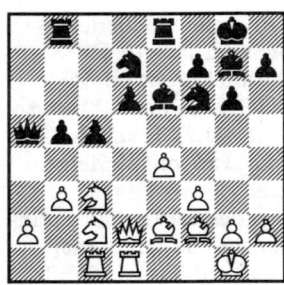

Hier dachte ich lange über eine andere Möglichkeit nach: 19. ... b4 20.♘a4 c4! mit plötzlichen Drohungen am Damenflügel. Unannehmbar wäre in diesem Falle für Weiß 21.♘d4 cb 22.ab ♗:b3 23.♘:b3 ♕:a4. Jedoch gelang es mir am Brett nicht, auf 21.♖b1! ein wirksames Verfahren zur Realisierung des Übergewichts zu finden:

a) 21. ... cb 22.ab ♗:b3 23.♖:b3 ♕:a4 24.♖:b4 stellt das materielle Gleichgewicht wieder her.

b) 21. ... d5 22.ed ♗:d5 23.bc ♕:a4 24.cd ♕:a2 25.♖:b4 ♖:b4 26.♘:b4, und 26. ... ♖:e2 geht nicht, da Schwarz die Qualität verlöre.

c) 21. ... c3 22.♕:d6, und der gedeckte Freibauer stellt einstweilen keine Kompensation für den Bauernverlust dar, zumal Weiß später den Vorstoß a2–a3 durchsetzt.

d) 21. ... d5 22.ed (schlecht wäre 22.♘d4 cb!) 22. ... c3! 23.♕c1 ♗:d5 24.♗f1 ♗c6 (Aufmerksamkeit gebührt 24. ... ♗f8) 25.a3 ba 26.♕:a3

♗f8 27.♕a1!, und die weiße Stellung bietet trotz der äußerlichen Zerrissenheit Verteidigungsressourcen. Diese Variante war, wie die Analyse zeigte, dennoch objektiv am stärksten für Schwarz.

Während der Partie war ich bestrebt, das maximal Mögliche herauszuholen. Im Ergebnis fand ich eine vielzügige Kombination, die in fast allen Abspielen – zwei ausgenommen – klaren Gewinn verhieß.

19. ...   ♘f6–g4?!

Objektiv ist das nicht der aussichtsreichste Weg gegenüber dem bereits betrachteten 19. ... b4 20.♘a4 c4 21.♖b1 d5! Bei richtiger Verteidigung konnte Weiß jetzt ein annehmbares Spiel erreichen, aber das wurde erst in der anschließenden Analyse gefunden. Während indes im Falle von 19. ... b4 Weiß die Partie vielleicht retten konnte, stellte der Textzug ihn vor Aufgaben, die er am Brett nicht zu lösen vermochte.

20.♗f2–e1   ...

Das Qualitätsopfer konnte angenommen werden: 20.♘:b5! ♖:b5 (schlechter ist 20. ... ♕:d2 21.♖:d2 ♗h6 22.♗e1! ♗:d2 23.♗:d2 ♘ge5 24.♘:d6!) 21.♗:b5 ♕:b5 22.fg ♘f6 23.♕:d6. Obwohl Schwarz starke Initiative besitzt, genügt wahrscheinlich das Materialübergewicht von Weiß, eine Niederlage zu vermeiden.

20. ...   b5–b4

Nichts ergäbe natürlich 20. ...
♗h6 21.♛:d6! ♗:c1 22.♖:c1
♘gf6 (noch schlechter wäre
22. ... ♘ge5 23.f4 ♖b6
24.♛c7 oder 23. ... ♘g4 24.f5
gf 25.ef ♗:f5 26.♗:g4 ♗:g4
27.♛g3) 23.♘a4 b4 24.♘e3,
und die Initiative geht an
Weiß über.

21.♘c3–a4?   ...

Der entscheidende Fehler. Mit
diesem Abzug hatte ich auch
gerechnet, als ich 19. ... ♘g4?!
spielte. Die Feinheit der Stellung liegt darin, daß es im
Falle von 19. ... b4 gerade der
Springerzug nach a4 ermöglichte, die Partie zu halten,
während 20.♘d5 verliert. Jetzt
verhält es sich genau umge-
kehrt. Nur 21.♘d5 rettete, und
zwar deshalb, weil der Springer
g4 angegriffen ist, so daß
Schwarz nicht auf a2 nehmen
kann. Dieses Tempo genügte
Weiß, seine Stellung zu konso-
lidieren, zum Beispiel 21. ...
♗:d5 (auf 21. ... ♘gf6 oder
21. ... ♘ge5 geschieht 22.a3!)
22.♛:d5 ♘gf6 (nach 22. ...
♘ge5 folgt wiederum 23.a3!;
auch das Figurenopfer 22. ...
♛:a2 ergibt nichts wegen 23.fg
♘f6 24.♛:d6 ♘:e4 25.♛d3)
23.♛:d6 ♛:a2 24.♗c4, und
Weiß steht durchaus nicht
schlechter.
Der Fehler Beljawskis läßt sich
vor allem psychologisch erklären. Er hatte sich offenbar ins

Unterbewußtsein eingeprägt:
Im Falle von b5–b4 darf der
Springer nicht nach d5 ziehen,
sondern nach a4. Er antwortete
dann automatisch, ohne sich
in die Feinheiten der neuen
Situation zu vertiefen.

21. ...   c5–c4
22.♖c1–b1   ...

Auch andere Fortsetzungen
bringen keine Rettung:
a) 22.fg cb 23.ab ♗:b3
24.♛:d6 ♗:a4 25.♗:b4 ♛a7+
26.♔h1 ♗f8, und Schwarz gewinnt eine Figur.
b) 22.♛:d6 ♗e5 23.♗:b4
♖:b4 24.♛:b4 ♛a7+ mit
Matt.
c) 22.♘:b4 cb 23.ab ♗:b3
24.♘c6 ♛:a4 25.♘:b8 ♛a7+
26.♔h1 ♛:b8 27.fg ♗:d1
28.♖:d1 ♖:e4, und Schwarz
behält einen Mehrbauern, da
29.♛:d6? ♛:d6 30.♖:d6 ♖:e2
Weiß noch teurer zu stehen
kommt.
d) 22.♗:c4 ♗:c4 23.fg ♗b5
(auch 23. ... ♘f6! ist nicht
schlecht) 24.♛:d6 ♗:a4 25.ba
(25.♗:b4? ♛a7+ 26.♔h1
♖e6, und Schwarz behält die
Figur) 25. ... ♘f6! 26.♗:b4
♛:a4 27.a3 ♘:g4!, und falls
28.♛f4, so 28. ... ♛a7+
29.♔f1 ♖:e4!
Folglich hat die Schwächung
der Diagonale g1–a7 die Ge-
wichte verschoben, so daß sich
in allen angeführten Varianten
die Waagschale auf die Seite
von Schwarz neigt.

22. ...	c4–c3
23.♕d2:d6	♛a5–a7+

Die gleichen Motive, wenn auch in anderer Form.

24.♔g1–h1	♞g4–f2+
25.♗e1:f2	♛a7:f2

Schwarz bedroht nicht nur den Läufer, sondern auch König und Dame mittels 26. ... ♗e5 nebst 27. ... ♛h4.

26.♕d6–d3	♞d7–c5
27.♞a4:c5	♛f2:c5

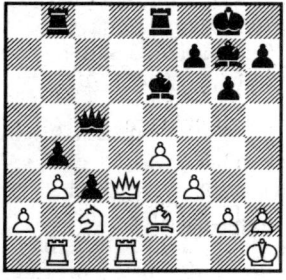

Erst jetzt kann man die Kombination als abgeschlossen betrachten, da der schwarze Stellungsvorteil außer Zweifel steht. Der weiße Damenflügel ist schutzlos.

28.♕d3–e3	...

Gegen die drohende Turmverdopplung auf der a-Linie gibt es keine ausreichende Verteidigung.

28. ...	♛c5:e3
29.♞c2:e3	♖b8–a8
30.♖b1–a1	...

Noch schneller verlor 30.♗b5 ♖eb8 31.♗a4 ♖:a4!

30. ...	♖a8–a5
31.♗e2–c4	c3–c2
32.♞e3:c2	♗e6:c4!

Im Falle von 32. ... ♗:a1 33.♗:e6! konnte Weiß noch Widerstand leisten. Jetzt ist die Partie angesichts 33.bc ♗:a1 34.♖:a1 b3 35.ab ♖:a1+ 36.♞:a1 ♖d8 aufgabereif.

33.♖a1–c1	♗c4–e6
34.♞c2:b4	♖e8–a8
35.h2–h3	♗g7–f8
36.♞b4–d5	♖a5:a2
37.♞d5–c7	♗e6:b3!
38.♖d1–d3	♖a2–a1

Weiß gab auf.

Partie Nr. 5
Zsu. Polgar–Gufeld
Wellington 1988

1.d2–d4	♞g8–f6
2.c2–c4	g7–g6
3.♞b1–c3	♗f8–g7
4.e2–e4	d7–d6
5.f2–f3	0–0
6.♗c1–e3	♞b8–c6
7.♞g1–e2	a7–a6
8.♕d1–d2	♖a8–b8
9.♞e2–c1	e7–e5
10.d4–d5	...

Häufiger kommt der Zug 10.♞b3 vor. Mit ihm haben wir uns bereits in der vorangegangenen Partie Beljawski–Gufeld bekannt gemacht. Auch die Partie Nr. 6 ist ihm gewidmet.

10. ...	♞c6–d4
11.♞c1–e2	...

Hier ist auch 11.♞b3 möglich.

42

11. ...	c7–c5!
12.d5:c6	♘d4:c6
13.♖a1–d1	...

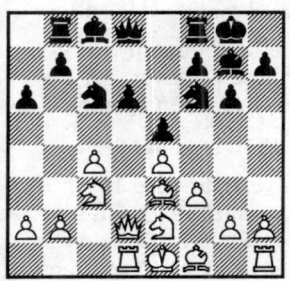

Als schwächer erwies sich
13.♘c1 ♗e6 14.♘b3. Nun
mußte anstelle von 14. ...
♘e8?!, was in der Partie
Wahls–Howell (England 1986)
geschah, 14. ... ♘a5 15.♘:a5
♕:a5 16.♕:d6 b5 folgen.
Schwarz hat Kompensation für
den Bauern.

13. ...	♗c8–e6
14.♘c3–d5	b7–b5!

Eine wichtige theoretische
Neuerung, die eine Umbewer-
tung der Variante bewirkte.
Früher wurde das passive
14. ... ♘d7 gespielt.

15.c4:b5	a6:b5
16.♘d5:f6+	♗g7:f6

Nach 16. ... ♕:f6?? 17.♗g5
säße die schwarze Dame in der
Falle.

17.g2–g3	♗e6:a2
18.♕d2:d6	♗a2–b3!?

Der verlockende Versuch
18. ... ♕a5+ 19.♗d2 ♕b6

20.♕:f6 ♘b4 scheitert an
21.♗g5!

Außer dem Textzug war 18. ...
♘d4 möglich, zum Beispiel
19.♕:d8 ♖f:d8 20.♘:d4 ed
21.♗f4 ♖bc8 22.♗d3 ♗c4
23.♔e2.

19.♕d6:d8	♖f8:d8

Stärker war das weniger nahe-
liegende 19. ... ♗:d8!, wonach
die schwarze Stellung vorzuziehen ist.

20.♖d1:d8+	♗f6:d8
21.♘e2–c1	♗b3–c4
22.♔e1–f2	♘c6–b4?!

Auch hier waren nach 22. ...
♘d4 die Chancen von Schwarz
höher einzuschätzen.

23.♗f1–h3	...

Nur mit Hilfe dieses Zuges
kann Weiß die Entwicklung
beenden und die Chancen aus-
gleichen.

23. ...	♘b4–c2
24.♗e3–c5	♗d8–b6
25.♗c5:b6	♖b8:b6
26.b2–b3	...

Auf diese Weise forciert Weiß
auch den Abtausch der weißfeldrigen Läufer.

26. ...	♗c4–e6
27.♗h3:e6	♖b6:e6
28.♖h1–d1	♘c2–d4
29.♘c1–e2	...

Der genaueste Weg.

29. ...	♘d4:b3
30.♖d1–b1	

Remis gegeben.

Partie Nr. 6
Keck–Gufeld
Wellington 1988

1.d2–d4	♘g8–f6
2.c2–c4	g7–g6
3.♘b1–c3	♝f8–g7
4.e2–e4	d7–d6
5.f2–f3	0–0
6.♝c1–e3	♘b8–c6
7.♘g1–e2	a7–a6
8.♕d1–d2	♖a8–b8
9.♘e2–c1	e7–e5
10.♘c1–b3	e5:d4
11.♘b3:d4	♘c6:d4

Betreffs 11. ... ♘e5 siehe Partie Nr. 4 (Beljawski–Gufeld).

12.♝e3:d4	♝c8–e6
13.♝f1–e2	c7–c6

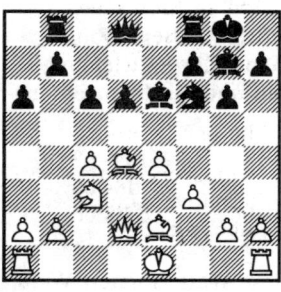

Mir scheint diese Stellung dem Ausgleich bereits nahe zu sein.

14.0–0	b7–b5
15.c4:b5	...

Stärker ist 15.b3 mit dem Bestreben, das schwarze Figurenspiel einzuengen.

15. ...	a6:b5
16.♖f1–c1	♕d8–e7

Zu annähernd gleichem Spiel führte 16. ... b4 17.♘d1 c5 18.♝f2 nebst ♘d1–e3.

17.a2–a3	♖f8–d8

Bereitet den Bauernvorstoß im Zentrum d6–d5 vor, der die weißen Bastionen sprengt.

18.b2–b4	♖b8–c8

Etwas verfrüht wäre 18. ... d5, zum Beispiel 19.e5 ♘d7 20.♕e3 ♘:e5 21.♝:e5 d4 22.♕f4 ♝:e5 23.♕:e5 dc mit Ausgleich.

19.♘c3–d1?!	d6–d5
20.e4–e5	♘f6–d7
21.♕d2–e3	♖d8–e8!?

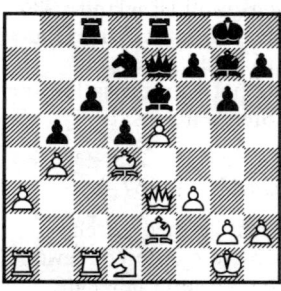

22.♖c1–c3?!	♝e6–f5
23.f3–f4	...

Im Falle von 23.g4 wäre der Plan von Schwarz vollauf gerechtfertigt: 23. ... ♝:e5 24.♝:e5 ♕:e5 25.gf d4 oder auch 23. ... ♘:e5 24.gf ♕h4! mit Gewinn in beiden Fällen.

23. ...	f7–f6
24.e5:f6	♝g7:f6
25.♝d4:f6	...

Auf 25.♕:e7 bietet sich der Zwischenzug 25. ... ♗:d4+ an.

25. ...   ♕e7:f6

Die Gegenüberstellung des schwarzen Turmes und der weißen Dame spricht dafür, daß die schwarzen Figuren aktiver stehen. Außerdem besitzt der d-Bauer große Dynamik. All das unterstreicht das klare Übergewicht von Schwarz.

26.♕e3–f2   d5–d4
27.♖c3–c1   ♘d7–b6
28.♘d1–b2   ♘b6–d5
29.g2–g3   ♘d5–c3

Beiden Kontrahenten mangelt es bereits an Bedenkzeit. Der Springerausfall trägt Zeitnotcharakter.

30.♗e2–d3?   ...

Notwendig war 30.♗f3.

30. ...   ♗f5:d3
31.♘b2:d3   ♘c3–e2+
32.♔g1–g2   ♘e2:c1
33.♖a1:c1   ♕f6–e6

Hier konnte der Vorhang fallen, aber in Zeitnot folgte noch:

34.♘d3–e5   ♖e8–d8
35.♕f2–d2   ♕e6–d5+
36.♔g2–g1   c6–c5
37.b4:c5   ♖c8:c5
38.♖c1–d1   d4–d3
39.♕d2–e3   ♖c5–c2
40.♖d1–d2   ♖c2:d2
41.♕e3:d2   ♔g8–g7
42.♔g1–f2   ♕d5–c5+

Weiß gab auf.

Partie Nr. 7
Peturni–Gufeld
Los Angeles 1987

1.d2–d4   ♘g8–f6
2.c2–c4   g7–g6
3.♘b1–c3   ♗f8–g7
4.e2–e4   d7–d6
5.f2–f3   0–0
6.♗c1–e3   ♘b8–c6
7.♕d1–d2   a7–a6
8.♘g1–e2   ♖a8–b8
9.♗e3–h6   ♗g7:h6!

Eine interessante Idee, mit Hilfe des Läuferabtauschs die weiße Dame vom Zentrum abzulenken.
Möglich ist auch 9. ... b5!? 10.h4 e5 11.♗:g7 ♔:g7 12.h5 bc!? 13.0–0–0 ♘g8 14.♔b1 a5 15.d5 ♘b4 16.♘c1 ♗a6 17.g3 ♖b7 mit beiderseitigen Chancen (Rasuwajew–Kupreitschik, Odessa 1974).

10.♕d2:h6   e7–e5

Der Zentrumsvorstoß stellt die beste Alternative zum gegnerischen Flügelspiel dar.

11.d4–d5   ...

Häufiger geschieht 11.0–0–0 b5 12.h4 (kein Übergewicht verspricht das Schließen des Zentrums 12.d5 ♘a5 13.♘g3 bc 14.h4 ♗d7 15.h5 ♕e7, Awerbach–Bielczyk, Polanica Zdroj 1975) 12. ... ed (damit löst Schwarz die Eröffnungsprobleme) 13.♘:d4 ♘:d4 14.♖:d4 ♕e7 15.♕g5 ♕e5! (der Übergang ins Endspiel ist

45

in dem gegebenen Fall der einfachste Weg zum Ausgleich) 16.♕:e5 de mit gleichen Chancen (Rasuwajew–Raschkowski, UdSSR 1979).

11. ...   ♘c6–a5!?

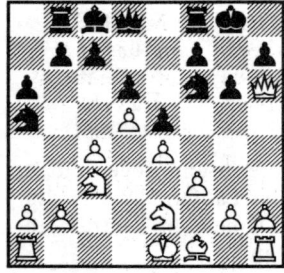

Eine neue Idee. Früher wurde 11. ... ♘d4 gespielt.

12.♘e2–g3   c7–c5

Es drohte 13.b4.

13.h2–h4   ♗c8–d7!?

Schwarz strebt eine möglichst schnelle Eröffnung einer zweiten Front am Damenflügel an. Zuverlässiger sah 13. ... ♔h8 14.h5 ♘g8 15.♕d2 g5 aus, aber eine solche Verteidigungsstrategie entspricht nicht meinen schöpferischen Auffassungen.

14.h4–h5   b7–b5
15.c4:b5?!   ...

Aufmerksamkeit verdiente 15.0–0–0.

15. ...   a6:b5
16.♘c3–d1   ...

Dieser Zug zeigt, daß der äußerlich gefährlich anmutende Angriff von Weiß mit zu geringen Kräften geführt wird, weil das Heranbringen der Reserven Zeit erfordert.

16. ...   ♔g8–h8!
17.h5:g6   f7:g6
18.♘d1–f2   ...

Schlecht ist natürlich 18.♕:g6 wegen 18. ... ♖g8.

18. ...   ♖f8–f7
19.♘f2–h3   ♗d7:h3

Den gefährlichen Springer, der nicht wenige Tempi für seine Mobilisierung brauchte, muß Schwarz beseitigen.

20.♖h1:h3   ♖f7–g7!

Jetzt ist der schwarze König bei äußerst ökonomischem Einsatz der Schutzkräfte prächtig verteidigt. Ökonomie stellt ein wichtiges modernes Grundprinzip dar!

21.♗f1–e2   c5–c4

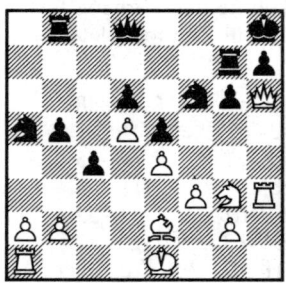

Das Übergewicht von Schwarz wird spürbar. Dem Springer

bietet sich eine sehr aussichtsreiche Marschroute:
♘a5–b7–c5 nebst ♖a8.

22.0–0–0   …

Schließt die Entwicklung ab, doch der weiße König kann sich nicht in Sicherheit fühlen.

22. …   b5–b4
23.♖d1–h1   b4–b3

Der entscheidende Sturm beginnt.

24.a2–a3   c4–c3
25.♗e2–d3   …

Es half auch nicht 25.bc b2+ 26.♔b1 ♖b3 mit unwiderlegbaren Drohungen.

25. …   ♖b8–c8!

Die weißen Schwerfiguren stehen beeindruckend, doch können sie den Bauernschutz des Königs nicht durchbrechen. Die schwarzen Streitkräfte sind dagegen sehr dynamisch postiert.

26.♛h6–g5   ♘a5–c4!
27.♖h3–h6   ♘c4:b2
28.♗d3–a6   ♖c8–a8
29.♖h6:g6   ♖g7:g6
30.♛g5:g6   ♖a8:a6

Weiß gab auf.

Partie Nr. 8
Petursson–Gufeld
Hastings 1986/87

1.d2–d4   ♘g8–f6
2.c2–c4   g7–g6
3.♘b1–c3   ♗f8–g7

4.e2–e4   d7–d6
5.f2–f3   0–0
6.♗c1–e3   …

Eine andere populäre Fortsetzung stellt 6.♗g5 dar.

6. …   ♘b8–c6

Ich ziehe diese Methode des Gegenspiels dem klassischen 6. … e5 vor, denn Weiß kann danach mit d4–d5 das Zentrum schließen und die Eröffnung einer „zweiten Front" verhindern. Der Textzug ist mit einer Provokation verknüpft: Im Falle des „naheliegenden" d4–d5 ♘c6–e5 ist Schwarz bereit, mittels e6 im Zentrum oder mittels c6 am Damenflügel eine Linie zu öffnen. Damit wird eine der Komponenten der von uns zu untersuchenden Methoden des Gegenspiels erfüllt.
Die Errichtung einer „zweiten Front" zwingt Weiß, einen Teil seiner Streitkräfte von den Operationen am Königsflügel abzuziehen.

7.♛d1–d2   a7–a6

Jetzt werden die geheimen Pläne von Schwarz zwecks Gegenspiels verständlich. Er ist bereit, den am Damenflügel erscheinenden weißen Monarchen „würdig" zu empfangen. Im Schach ist es sehr wichtig, die eigenen aggressiven Pläne geheimzuhalten. Deshalb zieht es Weiß des öfteren vor, den Gegner über seine Pläne im unklaren zu lassen und spielt ♘ge2 oder ♗d3 nebst ♘ge2. Er behält sich damit die Möglichkeit vor, am Königsflügel aggressiv zu werden und den König wegzuziehen.

8.0–0–0   …

Mit diesem Zug lüftet sich das Geheimnis. In letzter Zeit hat diese Aggressivität des Anziehenden an Popularität gewonnen.

8. …   b7–b5

Der Fehdehandschuh wird aufgegriffen. Dieses Bauernopfer zwecks Erlangung von Initiative stellt eine Neuerung dar.

9.c4:b5   …

Eine Alternative wäre 9.♘ge2, doch dann erhielte Schwarz nach 9. … e5 10.d5 ♘a5 prächtiges Spiel.

9. …   a6:b5
10.♗f1:b5   ♘c6–a5!

Es ist durchaus möglich, daß man auch schon vor dieser Partie das Bauernopfer erwogen hat, aber nicht in Verbindung mit ♘a5. Die Idee dieses Zuges ist der Kampf um den strategisch wichtigen Punkt c4. Anstelle von ♘a5 wäre 10. … ♗d7 unzureichend, zum Beispiel 11.♘ge2 ♘a5 12.♗d3.

11.♘g1–e2   …

Der Versuch, den in der Partie folgenden Zug ♗a6 durch 11.♛e2 zu verhindern, ist an-

gesichts des Springers g1 bedenklich, zum Beispiel 11. … c6 12.♗d3 ♛b6 mit der Idee ♗a6, d5 und Kampf um den Punkt c4.

11. …   ♗c8–a6
12.♗b5:a6   ♖a8:a6
13.♛d2–d3   ♛d8–a8
14.♔c1–b1   …

Weiß muß dafür sorgen, daß die schwarze Initiative nicht zu einem gefährlichen Angriff heranwächst. Eine Reihe von prophylaktischen Zügen macht sich erforderlich.

14. …   ♖f8–b8
15.♗e3–c1   …

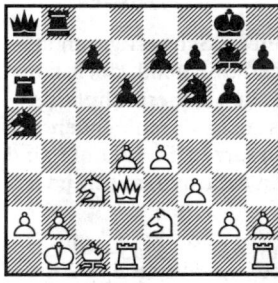

Die weiße Königsstellung ist zuverlässig verteidigt. Die direkten schwarzen Drohungen sind zeitweilig abgewehrt. Erinnern wir uns aber an die Motive des Bauernopfers und den Kampf um den strategisch wichtigen Punkt c4. Dessen eingedenk sehen die Züge e6 und d5 sowie der anschließende Springergalopp nach c4 logisch aus. Beachten wir ferner die positionelle Grundlage, die sich aus der veränderten Bauernstruktur im Zentrum ergeben hat, wodurch der schwarzfeldrige Läufer des Nachziehenden an Stärke gewinnt.

| 15. ... | e7–e6!! |
| 16.h2–h4 | ... |

Petursson nimmt mit Recht an, daß die beste Verteidigung der Gegenangriff ist.

| 16. ... | d6–d5 |
| 17.h4–h5 | ... |

Nach 17.e5 ♘d7 nebst c7–c5 würde sich der schwarze Angriff ungehindert entfalten.

| 17. ... | ♘a5–c4 |

Die Annahme des Danaergeschenks durch 17. ... ♘:h5 wurde von mir gar nicht erst untersucht.

| 18.h5:g6 | h7:g6 |
| 19.b2–b3 | ... |

Dieser Zug, der die Krise in der Partie heraufbeschwört und Weiß zwingt, sich an den Rand des Abgrunds zu begeben, ist in der vorliegenden Stellung der stärkste. Da Weiß den historisch verbrieften Anzugsvorteil besitzt, kann Schwarz, wenn es ihm gelingt, in der Eröffnungsphase die beiderseitigen Chancen auszugleichen, als Sieger des Eröffnungsduells gelten. Der mögliche Partieverlauf 19. ... ♖:b3+ 20.ab ♖a1+ 21.♔c2 ♖a2+ 22.♔b1

♖a1+ oder 22.♘:a2 ♕:a2+ 23.♔c3 ♕a1+ 24.♔c2 (24.♔b4?? ♕a5 matt) 24. ... ♕a2+ mit Remis könnte deshalb als ein Erfolg für Schwarz verbucht werden. Ich entschloß mich jedoch, Öl ins Feuer zu gießen.

| 19. ... | c7–c5! |

Stellt viele Drohungen auf, zum Beispiel 20. ... ♘a3+ 21.♗:a3 c4!

| 20.d4:c5! | ... |

Der einzige Zug.

| 20. ... | ♘f6–d7! |

Abermals konnte Schwarz mittels 20. ... ♖:b3+ 21.ab ♖a1+ 22.♔c2 ♖a2+ 23.♔b1 ♖a1+ das Remis forcieren.

| 21.e4:d5! | ... |

Wieder der einzige Zug.

| 21. ... | e6:d5! |

Weicht ein weiteres Mal dem friedlichen Ausgang des spannenden Zweikampfes mittels ♖:b3+ aus.

| 22.♕d3:d5! | ... |

Erneut die einzige Fortsetzung. Welche Gefahr der weißen Stellung drohte, beweist folgende Variante: 22.♘:d5 ♘:c5 23.♕:c4 ♖:b3+ 24.ab ♖a1+ 25.♔c2 ♕a2+ mit Gewinn.

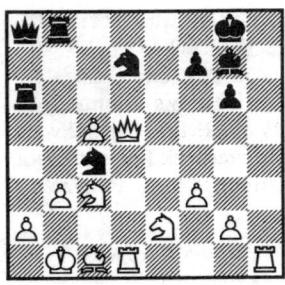

Der scharfe Kampf hat seinen Höhepunkt erreicht. Weiß besitzt großes Materialübergewicht und droht Damentausch.

22. ...   ☐b8:b3+
23.a2:b3   ...

Weiß bot sich mit 23.♔c2 eine zweite Möglichkeit. In diesem Falle hätte der Nachziehende die angenehme Wahl zwischen 23. ... ♘e3+!? 24.♗:e3 (aber nicht 24.♔:b3?? ♕b8+ mit Gewinn) 24. ... ☐:a2+ 25.♔:b3 ♕a3+ 26.♔c4 ♕a6+ 27.♔b3 (nicht 27.♘b5?? ♕a4+ 28.♔d3 ♕c2 matt) 27. ... ♕a3+ mit Remis und 23. ... ☐b2+ 24.♗:b2 ♘e3+ 25.♔b1 ♘:d5 26.☐:d5 ♘e5! (allerdings nicht 26. ... ♘f8 27.☐hd1 ♘e6 28.♘f4 mit Vorteil für Weiß) 27.☐hd1 ♘c6! 28.g4 ♕b8! 29.♘c1 ☐a8! 30.♘b3 ♕e8, und die Chancen von Schwarz sind besser.
Wenn in der letzten Variante Weiß sogleich 28.♘c1 spielt, sind nach 28. ... ♕e8! 29.♘b3 ☐a8 die Chancen von Schwarz ebenfalls vorzuziehen.

23. ...   ☐a6–a1+
24.♔b1–c2   ☐a1:c1+

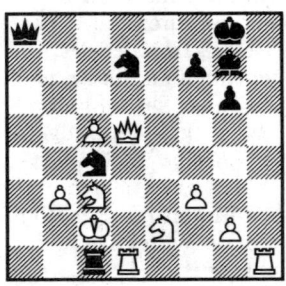

25.♘e2:c1   ...

Erzwungen, denn falls 25.♔:c1, so gewinnt 25. ... ♕a3+ 26.♔c2 ♘e3+.

25. ...   ♘c4–e3+
26.♔c2–b1   ...

Die Ereignisse entwickeln sich jetzt forciert.

26. ...   ♘e3:d5
27.☐d1:d5   ♗g7:c3
28.☐d5:d7   ...

Ein Wirbelwind scheint über das Brett zu jagen, der beide Kämpen des ungewöhnlichen Duells erfaßt.

28. ...   ♕a8–a3!
29.♔b1–c2   ...

Es gab nichts anderes.

29. ...   ♕a3:c5
30.☐h1–d1   ...

Der Sturm hat sich gelegt. Versuchen wir, die Stellung zu beurteilen. Auf dem Brett herrscht ein annäherndes Kräftegleichgewicht, aber Schwarz besitzt weiterhin die Initiative. Weiß muß um das Remis kämpfen. Für ein solches Vorhaben verdiente 30.♖h4!? Aufmerksamkeit, da sich ihm nach dem Qualitätsverlust durch 30. ... ♕f2+ usw. die Möglichkeit bot, eine uneinnehmbare Festung zu errichten.

30. ...   ♗c3–f6+
31.♔c2–b1   ♕c5–c3
32.♖d7–d2   ♔g8–g7

Es bestand die verlockende Möglichkeit, den weißen König aus seinem Unterschlupf herauszuzerren und ihn in das unwirtliche Zentrum zu jagen, zum Beispiel 32. ... ♕a1+ 33.♔c2 ♕b2+ 34.♔d3 ♕c3+ 35.♔e2. Allerdings gelänge es auch hier nicht, den Vorteil bedeutend zu vergrößern: 35. ... ♗g5 36.♘d3 ♕:b3 (36. ... ♗:d2 37.♖:d2 ♕:b3 führt nur zu einem theoretischen Übergewicht) 37.f4.

33.f3–f4?   ...

Die Ursache für diesen Fehler ist auf den kräftezehrenden Druck zurückzuführen, dem mein sympathischer Gegner ausgesetzt war und der ihn viele Stunden zwang, jeweils nur den einzigen richtigen Zug zu finden. Es ist interessant, daß Petursson während unserer gemeinsamen Analyse nach der Partie leidenschaftlich darlegte, daß auf dem Brett Zugzwang herrschte und er viele

Fortsetzungen nicht sah, zum Beispiel 33.♔a2 ♗g5. Indes hatte Weiß nur einen annehmbaren Zug zur Verfügung, und zwar 33.♖a2! Danach wäre es für Schwarz praktisch unmöglich, seine Stellung zu verstärken.

33. ...   ♕c3–a1+
34.♔b1–c2   ♕a1–c3+
35.♔c2–b1   ♕c3–a1+

Schwarz befindet sich etwas in Zeitnot.

36.♔b1–c2   ♕a1–b2+
37.♔c2–d3   ♕b2–d4+
38.♔d3–c2   ♕d4–b2+
39.♔c2–d3   ♕b2–d4+
40.♔d3–c2   ♕d4:f4

Durch diesen Bauernverlust hat sich die weiße Stellung jäh verschlechtert. Die Verwertung seines Vorteils verlangt von Schwarz ein genaues Vorgehen der Königsflügelbauern bis zu den Feldern f4 und g4.

41.♔c2–b1   ♕f4–g4?

Entsprechend dem Reglement wurde diese spannende Partie nach wenigen Stunden, die für Mittagessen und eine kurze Erholungspause vorgesehen waren, wiederaufgenommen. Für eine Analyse blieb keine Zeit. Der weitere Verlauf der Partie, in der ich alle Chancen auf einen Sieg hatte, wurde von mir in technischer Hinsicht unter meinem spielerischen Niveau geführt, so daß ich mich schließlich mit einem

Remis begnügen mußte. Damit wird wieder einmal anschaulich bestätigt, daß es nach einem reichlichen Mahl schwierig ist, gut Schach zu spielen.

42.	♖d1–f1!	♛g4–e4+	
43.	♖d2–c2	g6–g5	
44.	♖f1–f3	g5–g4	
45.	♖f3–d3	♛e4–e5	
46.	♖c2–a2	♗f6–g5	
47.	♖a2–c2	♗g5–f6	
48.	♖c2–a2	♗f6–g5	
49.	♖a2–c2	♛e5–f5	
50.	♖d3–c3	♛f5–f1	
51.	g2–g3!	♗g5–f6	
52.	♖c3–c4	♛f1–f3	
53.	♖c4–f4!	♛f3:g3	
54.	♖c2–c4	♛g3–h2	
55.	♖f4:g4+	♔g7–h6	
56.	♖c4–c2	♛h2–e5	
57.	♖g4–a4!	…	

Diesen Zug hatte ich in Zeitnot übersehen.

57.	…	♗f6–g5	
58.	♖a4–c4	♗g5–f6	

Hier wurde die Partie erneut vertagt, und ohne Wiederaufnahme einigten wir uns auf ein Remis.

Die beiden nächsten Partien möchte ich so kommentieren, daß dabei bestimmte allgemeine Gesetze des Schachkampfes und deren Wirken in der Spielpraxis erkennbar werden.

Schach bedeutet Kampf. Mangelnder Einsatz äußert sich in schnellen und farblosen Remispartien. Ein friedliches Nebeneinander, das so unerläßlich für die menschliche Gesellschaft ist, erscheint für das Schachspiel unannehmbar. Wenn man am Brett sitzt, ist man zum Kampf verpflichtet! Erweist sich ein Remisausgang als unvermeidlich, dann nur nach Ausschöpfung aller kämpferischer Möglichkeiten! In seinem Werk „Gesunder Menschenverstand im Schach" sagte Emanuel Lasker über das Schachspiel: „Sein wesentlicher Charakterzug ist – die menschliche Natur findet das meiste Ergötzen gerade daran – Kampf."

Für einen Schachspieler heißt das ganz offensichtlich, vor allem seine Streitkräfte zu mobilisieren und so aufzustellen, daß sie bei den unmittelbar folgenden Kampfaktionen leicht zu führen sind. Das Eröffnungsstadium beinhaltet die Vorbereitung auf das Kampfgeschehen, die Mobilisierung der Figuren in Richtung Zentrum, da von hier aus das ganze Brett ausgezeichnet überblickt werden kann. Wer besser vorbereitet, also besser entwickelt ist, besitzt die größeren Siegeschancen. Es kommt natürlich vor, daß eine Partie auch auf andere Weise gewonnen wird, aber uns geht es hier um ein wissenschaftliches Herangehen an das Schach.

Vieles von dem, was in der Eröffnung getan wird, ist bestimmten Gesetzen untergeordnet. Hier zeigt sich das Schach als Wissenschaft. Würde jedoch das Schach nur Gesetzen unterliegen, wäre es längst untergegangen, denn jeder brauchte dann nur die Gesetze zu studieren, strikt zu befolgen, und damit wäre alles getan. Es verhält sich aber in Wirklichkeit so, daß wir durch das Befolgen der sich durch jahrhundertelange Erfahrungen herausgebildeten Gesetze in etwa achtzig Prozent der Fälle unser Ziel erreichen, doch die übrigen zwanzig Prozent die Ausnahme bilden, das heißt es sind jene rätselhaften Fälle, wo die allgemeinen Regeln sich plötzlich als unwirksam erweisen. Anders ausgedrückt, wenn ein Schachspieler sich nicht nach den Gesetzen beim Spiel richtet, begeht er etwa achtzig Prozent Fehler. Die Schlußfolgerung ist: Man muß sehr gut die Regeln kennen, damit man die Ausnahmen finden kann! Darin und nur darin sehe ich die wissenschaftliche Seite des Schachs. Versuchen wir, wenigstens zwei Gesetze zu erläutern. Wie bereits gesagt wurde, ist das erste Gebot für die Eröffnung die schnelle Mobilisierung der Figuren in Richtung Zentrum. Das zweite, eng damit verknüpfte Gesetz fordert die Besetzung des Zentrums mit Bauern (natürlich wehrt sich der Gegner dagegen). Zwar stellt ein Bauernzentrum (zum Beispiel ein Bauernpaar auf d4

und e4) noch keinen absoluten Vorteil dar, es schafft aber gewisse Drohungen. Das hindert den Gegner, seinerseits die erste Forderung zu erfüllen – die Figuren in Richtung Zentrum zu entwickeln, denn die feindlichen Bauern engen seine Streitkräfte ein, nehmen seinen Figuren günstige Zentrumsfelder.

Wir wollen uns ansehen, wie diese Gesetze (und einige andere) in zwei konkreten Partien wirken. Zu diesem Zweck habe ich äußerst scharfe, kämpferische Duelle ausgewählt.

Partie Nr. 9
Mestel–Gufeld
Hastings 1986/87

1.c2–c4	g7–g6
2.e2–e4	...

Bei einem eingefleischten „Königsinder" können solche „Kniffe" nur ein Lächeln hervorrufen.

2. ...	♝f8–g7
3.d2–d4	d7–d6
4.♘b1–c3	♞g8–f6

53

Was hat sich in den ersten Zügen ereignet? Wie wurde den zwei Eröffnungsgesetzen Rechnung getragen? Weiß hat sich, wie deutlich zu sehen ist, in der Besetzung des Zentrums mit Bauern, Schwarz in der Figurenentwicklung beeilt.

Schwarz hat den Gegner das Zentrum mit Bauern besetzen lassen, um später alle Anstrengungen zu unternehmen, dieses Zentrum zu zerstören.

Weiß seinerseits wird bestrebt sein, seine Aufmarschbasis zu behaupten und Schwarz in der Entwicklung zu überholen.

5. f2–f3 ...

Der Zug f2–f3 scheint gegen die Gesetze der Strategie zu verstoßen, denn er dient nicht der Zentrumsbesetzung (im Vergleich zu f2–f4) und noch weniger der Kräftemobilisierung. Trotzdem verbirgt sich in dem Vorgehen von Weiß Aggressivität. Er will das Zentrum dauerhaft befestigen und unter dessen Schutz einen stürmischen Flügelangriff gegen den feindlichen König führen. Schwarz lieferte den Anlaß für diesen aggressiven Plan; zum einen durch den Bauern g6, der sich als Angriffspunkt herausbildete, sowie durch die offenkundige Absicht, kurz zu rochieren. Das herauszufinden ist leicht, wenn man sich der einfachen Regel erinnert: Gewöhnlich entwickelt man die Figuren des Flügels zuerst, auf dem man zu rochieren plant.

Was die Rochade betrifft, so weiß jeder, daß der König erst im Endspiel ein wahrer Herrscher wird, doch bis dahin ist er sehr schutzbedürftig. Die Rochade stellt eine Evakuierung des Königs an einen sicheren Ort im Hinterland dar, wo er besser geschützt werden kann.

Nachdem Weiß das Vorhaben von Schwarz erkannt hat, wird er den Plan fassen, alle Kräfte auf den gegnerischen Königsflügel, der durch den Zug g7–g6 geschwächt ist, zu richten; f2–f3, dann ♗c1–e3 (oder g5), ♕d1–d2, h2–h4–h5:g6, ♗e3–g5 (oder ♗e3–h6), ♘c3–d5 zu spielen; alle Verteidiger zu beseitigen und dem König den Garaus zu machen. Der Anziehende hat somit den feindlichen König als Angriffsobjekt gewählt. Er muß deshalb versuchen, auf diesem Brettabschnitt Linien zu öffnen und die Figuren abzutauschen oder zu vernichten, die den Monarchen schützen.

Diese Gefahr vor Augen, muß Schwarz Gegenmaßnahmen ergreifen, aber vor allem erst einmal rochieren, denn wer A sagt, muß auch B sagen!

5. ... 0–0
6. ♗c1–g5 ...

Ein populärer Ausfall, der e7–e5 erschwert (früher bedachte man das nicht und zog

54

6.♗e3). Mit dem Läuferausfall nach g5 will Weiß h7–h6 provozieren, um den Läufer nach e3 zurückzuziehen und dann durch ♕d1–d2 ein Tempo für den Angriff zu gewinnen. Hier gilt es, noch eine weitere schachliche Regel zu beachten: keinen Bauer dort ziehen, wo bereits eine Schwächung besteht! Der g-Bauer ist bereits vorgegangen, und jeder weitere Bauernzug würde dem Gegner die Öffnung von Linien erleichtern und die Königsstellung schwächen.

Was soll nun der Verteidigungsplan von Schwarz beinhalten? Der Versuch, eine uneinnehmbare Verteidigungslinie aufzubauen, wäre der sichere Weg zur Niederlage. Früher oder später endet das mit einem völligen Einschnüren der Verteidigungskräfte. Deshalb ist der Gegenangriff die beste Verteidigung.

Natürlich schließt ein Gegenangriff auch die Öffnung von Linien ein. Aber wo? Am besten im Zentrum, denn der weiße König befindet sich noch in der Mitte, und das gilt es auszunutzen.

Der Vorstoß c7–c5 stellt dafür die klassische Methode dar. So seltsam es allerdings klingen mag – die Statistik beweist, daß sich die Stellungen, die nach 6. ... c5 7.d5 e6 8.♕d2 entstehen, als günstig für Weiß erwiesen haben. Allen „indischen" Gesetzen zufolge ist

das jedoch für Schwarz die normale Fortsetzung.

Nach gründlichem Nachdenken wählte ich einen anderen Weg, der mir aus der Variante mit 6.♗e3 gut bekannt ist.

6. ...   ♘b8–c6

Wir haben soeben behauptet, daß der beste Gegenangriff in einem Schlag gegen das Zentrum besteht. Wie läßt sich das mit dem Springerzug in Einklang bringen? Bietet er die Gewähr zur Errichtung einer zweiten Front?

Wir wollen den Plan von Schwarz ergründen. Ich spreche bewußt von einem Plan, nicht von einem Zug. Es ist besser – das erkläre ich meinen Schülern immer wieder –, nach einem schlechten Plan zu spielen als ohne einen Plan. So gesehen, ist der Zug 6. ... ♘c6 (ebenso wie auch 6.♗g5) eine originelle Provokation: Schwarz lädt den Bauern zu einem Angriff auf den Springer ein. Nach 7.d5 ♘e5 spielt er jedoch c7–c6! und erreicht so sein Hauptziel – Linienöffnung für einen Gegenangriff. Die sich daraus ergebende zweite Front zwingt Weiß, Streitkräfte für die Verteidigung des eigenen Königs einzusetzen.

Deshalb ist es verständlich, daß sich Weiß nicht provozieren läßt. Was soll aber Schwarz weiter tun? Seine Gedankengänge könnten so sein: Der

55

Anziehende wird kaum seinen König am Königsflügel verbergen, denn dann müßte er seine hier geplanten Angriffsoperationen aufgeben. Sicherlich läßt er ihn auch nicht in der Mitte stehen. Er wäre zu leicht Schlägen der schwarzen Figuren ausgesetzt. Aller Wahrscheinlichkeit nach evakuiert Weiß seinen Monarchen zum Damenflügel. Aus diesem Grund bietet sich dort die Errichtung der zweiten Front an! Die Durchführung ist einfach: ♘b8–c6!, a7–a6, ♖a8–b8 und im geeigneten Moment b7–b5!

Auf diese Weise wird der etwas seltsam anmutende Zug 6. ... ♘c6 verständlich. Schwarz befolgt damit nicht nur das Gebot der Figurenentwicklung in Richtung Zentrum, sondern er sieht auch den weiteren Gang der Ereignisse voraus und bereitet sich frühzeitig auf das Erscheinen des feindlichen Königs am Damenflügel vor. Schwarz hat die Absichten des Gegners erkannt und sich entschlossen, einstweilen den Gegenstoß im Zentrum zu vertagen zugunsten des schnelleren Konterschlages am Flügel. Im Zentrum ist jetzt Linienöffnung mit dem Vorstoß e7–e5 verknüpft. In der weißen Stellung macht sich der wunde Punkt d4 bemerkbar, besonders durch den Läuferausfall nach g5.

Man wird das Gefühl nicht los,

daß Weiß bereits mit dem Vorstoß f2–f3 seinen minimalen Anzugsvorteil aus den Händen gegeben hat. Meiner Ansicht nach stimmt der Zug 5.f2–f3 nicht mit der Logik der Eröffnung überein, und deshalb gleicht sich die Stellung etwa aus.

Wie wir sehen werden, kommt Schwarz nach 6. ... ♘c6! bei der Entfaltung seiner Streitkräfte gut voran und erhält ausgezeichnete Gegenchancen.

7.♘g1–e2   ...

Dient sowohl der Entwicklung als auch der Prophylaxe, denn Weiß muß die Kontrolle über den Punkt d4 aufrechterhalten.

Im Falle von 7.♕d2 e5 8.d5 ♘d4 besetzt der feindliche Springer einen wichtigen Punkt, von wo aus er die ganze Stellung überblickt. Auf 9.♘ge2 folgt 9. ... c5! mit der Absicht a7–a6, ♖a8–b8 sowie b7–b5; und falls 10.dc, dann 10. ... bc, wonach ein Abtausch auf d4 nur für Schwarz von Vorteil ist.

7. ...   a7–a6
8.♕d1–d2   ♖a8–b8
9.h2–h4   ...

Das Signal zum Beginn der Kampfhandlungen. Hier werden die beiderseitigen Pläne bereits deutlich sichtbar.

56

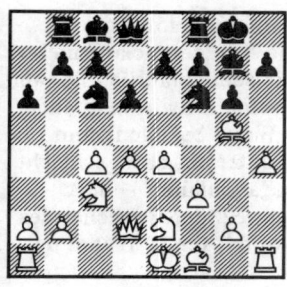

9. ...   h7–h5!

Ein Fall, wo die Ausnahme zur Regel wird. Natürlich festigt der Zug h7–h5 nicht die Verteidigungsstellung des Königs, aber er ermöglicht es, wertvolle Zeit für die Organisierung einer Gegenoffensive zu gewinnen.

10. 0–0–0   ...

Ein besserer Unterschlupf läßt sich für den weißen König nicht finden.

10. ...   b7–b5
11. ♗g5–h6?!   ...

Der Wunsch von Weiß, den wichtigen Verteidiger des feindlichen Königs abzutauschen, ist völlig verständlich und paßt eigentlich zu seinem Plan. Gegen diesen Zug gibt es dennoch zwei ernsthafte Einwände:
1. Zeitverlust. Weiß tauscht den Läufer in zwei Etappen (♗c1–g5 und ♗g5–h6) gegen eine Figur, die nur einen Zug (♗f8–g7) ausgeführt hat.
2. Abtausch eines guten Läufers gegen einen schlechten. Wenn man Figuren tauscht, muß man immer ihren qualitativen Unterschied beachten. Versuchen wir herauszufinden, welcher der Läufer der bessere ist – der auf g5 oder der auf g7.

Im Endspiel läßt sich ziemlich einfach bestimmen, was ein schlechter oder guter Läufer ist. Es genügt festzustellen, ob er die eigenen Bauern unterstützt. In der Eröffnung und im Mittelspiel ist das komplizierter. Ein Beurteilungsmaßstab stellt die Bauernstruktur im Zentrum dar, genauer gesagt, die Aufstellung des d- und e-Bauern.

Wer an den Wert des Läufers g5 (mit den Bauern auf d4 und e4) zweifelt, muß von dem Läufer g7 (mit den Bauern auf d6 und e7) mit Bestimmtheit sagen, daß er ein schlechter Läufer ist. Erinnern wir uns, daß Schwarz es dem Gegner erlaubte, das Zentrum zu besetzen und ♘b8–c6 spielte, um früher oder später den Gegenstoß e7–e5 auszuführen, was (das läßt sich nicht umgehen!) dem eigenen Läufer den Weg versperrt. Durch den Läufertausch schwindet dieser Nachteil, und Schwarz gewinnt zudem noch Zeit für seine Antwort.

11. ...   e7–e5!

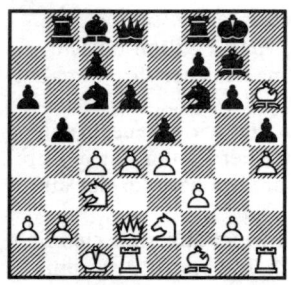

Stände der Läufer noch auf g5, würde hier augenblicklich d4–d5 folgen. Jetzt wäre nach 12.♗:g7 ♚:g7 der Zug 13.d5 mit vielen positionellen Unbequemlichkeiten verbunden. Vor allem bleibt Weiß selbst ein schlechter Läufer auf f1 (seine Bauern stehen auf den weißen Feldern d5 und e4), während der Läufer c8 sehr gut ist (mit den Bauern auf d6 und e5). Außerdem kann Weiß nicht umhin, nach 13. ... ♘a5 mit 14.♘g3 dem g-Bauern den Weg zu versperren, so daß sich das weiße Angriffspotential rasch verringert.

Es sei angemerkt, daß in derartigen Stellungen (nach d4–d5) der Springerrückzug nach e7 äußerst ungünstig ist, denn hier fehlt dem durch den Bauern e4 eingeengten Springer jegliche Perspektive. Er behindert obendrein die eigenen Figuren. (In der Partie geht es dem Springer e2 ähnlich.)

12.♗h6:g7   ♚g8:g7
13.d4:e5   ...

Es gibt schon keinen anderen

Zug. Auf 13.♘d5 würde 13. ... bc eine Konterattacke einleiten, die sehr gefährlich ist, weil Weiß seine Entwicklung auf keine Weise beenden kann. Sein Läufer auf f1 ist schlecht und sogar gelähmt – der Springer e2, der Bewacher des Punktes d4, versperrt ihm den Weg.

All das läßt den Schluß zu, daß Schwarz nach 11.♗h6?! e5! bereits ein geringes Übergewicht besitzt.

13. ...   d6:e5

Das Schlagen 13. ... ♘:e5? wäre ein grober positioneller Fehler. Nach 14.cb ab 15.♘f4 würden sich die feindlichen Figuren plötzlich beleben und das Kampfbild jäh zugunsten von Weiß verändern.

14.♛d2–g5?!   ...

Weiter im Geiste einer direkten Aggression, obwohl es in einer schlechteren Stellung geboten ist, Vereinfachungen anzustreben. Aber Mestel hat schließlich h2–h4, 0–0–0 und ♗g5–h6 nicht deshalb gespielt, um mit dem chronisch schwachen schwarzen Feldern und dem schlechten Läufer (Bauer auf e4) ein Remis im Endspiel anzustreben.

14. ...   ♛d8–e7
15.♘c3–d5   ...

Wieder gibt es praktisch keine anderen Züge. Auf das hasardartige 15.g4? hg 16.h5 folgt die

58

kalte Dusche 16. ... ♘h7!
(falls 17.♘d2, so 17. ... ♛g5,
und die weiße Stellung kracht
in allen Fugen).

15. ...   ♘f6:d5
16.e4:d5!   ...

Ein sehr interessanter, umstrit-
tener Zug. Natürlich weiß ein
Großmeister, daß 16.cd objektiv günstiger ist. Mestel sah
aber, daß Schwarz darauf über
zwei aussichtsreiche Möglichkeiten verfügt: 16. ... ♛:g5+
17.hg ♘a5 18.♘c3 ♘b7 nebst
♘b7–d6 mit Vorbereitung des
Vorstoßes c7–c6 oder 16. ... f6
17.♗d2 ♘d8 mit der Absicht
♘f7–d6, ♖f8–d8, ♗c8–d7,
♖b8–c8 und c7–c6. Deshalb
gibt er den wichtigen Punkt f5
auf und versucht verzweifelt,
irgendwie seinen unglücklichen
Läufer zu beleben, wobei er
auf die taktischen Ressourcen
der Stellung baut.

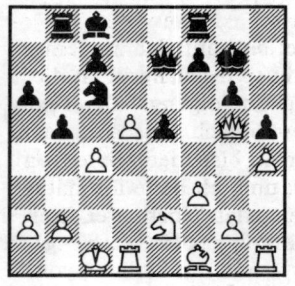

Jetzt beginnt ein spannendes
Springerduell. Der Traum des
schwarzen Springers ist es, auf
d4 einzufallen, während der
weiße Springer es kaum erwar-

ten kann, daß sein Widerpart
von c6 abzieht, um endlich
dem Läufer den Weg frei zu
machen.

16. ...   f7–f6

Der einzige Zug. Im Falle von
16. ... ♛:g5+? 17.hg muß der
schwarze Springer wegziehen,
und Weiß besitzt plötzlich
Übergewicht, denn er gebietet
über den Punkt e4, und der
von der Basis abgeschnittene
Bauer e5 ist schwach.

17.♛g5–d2   ...

Praktisch erzwungen. Nach
17.♛e3? ♘a5! käme Weiß
nicht mehr dazu, das Zusammenwirken seiner Figuren in
Gang zu bringen und geriete
in einen heftigen Angriff.
Doch wohin soll sich jetzt
der schwarze Springer begeben?

17. ...   ♖f8–d8!

Diese Fesselung ist das Leit-
motiv der gesamten Strategie
von Schwarz! Sein Springer
setzt den Kampf um das
Schlüsselfeld d4 fort. Auf
18.♘c3 folgt sehr stark
18. ... ♘d4! (mit Vorbereitung
von c7–c6). Weiß ist es nicht
gelungen, die Entwicklung
seines Königsflügels zu beenden.

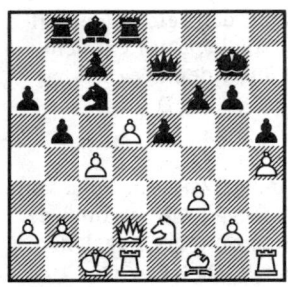

Schlecht wäre nun 18.♕e3 wegen 18. ... ♘a5, und ebenfalls verbietet sich 18.♕c2 oder 18.♕c3 angesichts von 18. ... ♘b4. Bliebe also nur 18.♕e1!? Damit ist der Augenblick für eine ausführliche Variantenberechnung gekommen. Während sich Schwarz bisher hauptsächlich von allgemeinen Gesetzen des Schachkampfes und dem theoretischen Verständnis der jeweiligen Probleme leiten ließ, macht es sich jetzt erforderlich, ihre Richtigkeit mit konkreten Varianten zu beweisen. Wie Fischer sagte, verbirgt sich die wahre Schönheit einer Schachpartie in der Analyse ihrer Varianten!

Auf 18.♕e1!? ist natürlich 18. ... ♘a7 19.♘c3 bc 20.♗:c4 ♘b5 mit nicht schlechtem Gegenspiel möglich. Weitaus energischer sieht aber das Springeropfer 18. ... ♕c5!! aus. Wie sich zeigt, leistet Weiß bei 19.dc der Unentwickeltheit seines Königsflügels noch Vorschub: 19. ... ♕e3+ 20.♔b1 (20.♖d2 bc mit der Drohung 21. ... c3!

22.bc ♗f5 und undeckbarem Matt auf b1) 20. ... bc (wahrscheinlich führt 20. ... ♗f5+ 21.♔a1 bc zum gleichen Ergebnis) 21.♔a1 (21.♘g3 ♕a3!; auf 21.♘c3 entscheidet 21. ... ♖:d1+ 22.♕:d1 ♕:c3; im Falle von 21.♖:d8 gewinnt 21. ... ♗f5+ 22.♔a1 ♖:d8) 21. ... ♗f5 22.♘g3 ♖:d1+ 23.♕:d1 ♖d8 24.♘:f5+ gf 25.♕b1 c3 26.♗:a6 (falls 26.b3, so 26. ... c2 27.♕:c2 ♕e1+) 26. ... ♖d2 27.♕g1 (auch bei 27.b3 ♕d4 28.♕g1 ♕b4 ist Weiß schutzlos) 27. ... cb+ 28.♔b1 ♕c3, und Schwarz gewinnt.

Den Springer darf Weiß also nicht schlagen, aber auch 19.♘c3 ♘d4! 20.♘e4 ist minderwertig, da der Springer auf d4 weitaus stärker steht als sein weißer Kollege. Wie die Dinge liegen, muß Weiß sofort etwas unternehmen.

18.g2–g4! ...

Mestel bekennt sich zu dem Prinzip: „Gegenangriff ist die beste Verteidigung." Der Textzug ergibt sich logisch aus dem gesamten bisherigen Spiel von Weiß, und ich hatte ihn natürlich erwartet. Noch zwei, drei Angriffszüge (g4:h5, ♖h1–g1 usw.) – und die Stellung von Schwarz bräche auseinander (das sind die nachträglichen Folgen des Zuges h7–h5!).

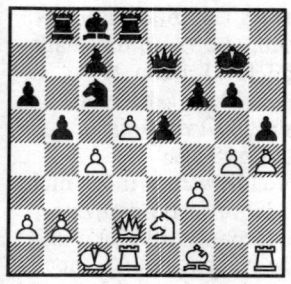

18. ...   b5:c4

Wegen Materialverluste gebe
ich niemals die Initiative auf.
Um so mehr, weil mir während
der Partie schien, daß 18. ...
hg wegen 19.h5 g5 20.♕c2!
(Doppelangriff) 20. ... gf
21.♘g3 verliert. Wie ich mich
allerdings später überzeugte,
schützt nach 21. ... ♘d4!
22.♕g6+ ♔h8 der weiße h-
Bauer den schwarzen König,
und es droht nichts Gefährli-
ches.
Auf 18. ... hg verwirrte mich
auch 19.fg (mit der Drohung
20.g5 nebst h4–h5) 19. ...
♗:g4 20.♘h3, aber dies wird
mittels 20. ... ♗:h3 21.♖:h3
♕c5! widerlegt. Bedrohlich aus
sah ferner 20.♖g1 f5 21.♕e3!
♘a5 22.♘d4 ♖b6! 23.♖e1
♘:c4 24.♗:c4 bc 25.♘e6+
mit Angriff. Aber hier ist
23. ... ♖e8! stärker.
Nach längerer Analyse bestä-
tigte sich jedoch, daß mich die
Intuition – sie bildet die
Grundlage aller Schachkunst –
nicht verließ. Anstelle von
22.♘d4 ist 22.♘f4! weitaus

unangenehmer, um den c-Bauern als Rammbock auszunutzen. Schlecht ist jetzt sowohl
22. ... ♗:d1 23.♖:g6+ ♔h7
24.♖e6 ♕:h4 (falls 24. ...
♕f7, dann 25.♕:e5 ♖e8
26.♗d3) 25.♕:e5 als auch
22. ... ♘:c4 23.♗:c4 bc
24.♘e6+ ♔h7 25.♕:e5 ♖e8
26.♖:g4! fg 27.h5 – in beiden
Fällen mit unwiderstehlichem
weißem Angriff.
Übrig bleibt 22. ... ♖b6, aber
dann geschieht 23.c5! ♖f6
24.♖e1 ♖e8 25.h5 g5, und
Weiß hat die Wahl zwischen
dem einfachen 26.♘h3 und
dem entschlosseneren 26.♖:g4
fg 27.♘e6+ ♖:e6 28.de ♕:e6
29.♕:g5+ ♔b8 30.♗d3 –
Schwarz ist sowieso nicht zu
retten.
Vielleicht würde ein Verteidi-
gungskünstler in der Dia-
grammstellung dennoch auf g4
nehmen, in der Hoffnung, die
zahlreichen gegnerischen Drohungen abzuwehren und dann
das Materialübergewicht zu
verwerten. Aber man sollte
stets der eigenen Intuition ver-
trauen, und ich fühlte, daß
hier etwas nicht stimmte!
Es lohnt sich (18. ... bc!), das
Spiel in die eigenen Hände zu
nehmen!

19.♘e2–c3   ...

Eine filigrane Berechnung erforderte das Schlagen 19.gh.
Darauf war geplant 19. ... ♘b4
(mit der Drohung 20. ...
♘d3+) 20.♘c3 ♗f5 21.♗:c4

(21.hg verbot sich wegen 21. ...
☖:d5 22.♘:d5? ♘:a2 matt!)
21. ... ♛c5.

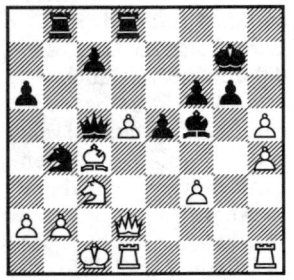

Wie soll Weiß fortsetzen? Im
Falle von 22.♛e2 ♗d3!
23.♗:d3 ♘:a2+ 24.♔c2
☖:b2+! 25.♔:b2 ♛c3+
26.♔:a2 ☖b8 27.♗b5 (wenn
27.♛d2, so 27. ... ♛b3+
28.♔a1 ♛a3+ 29.♛a2
♛c3+) 27. ... ♛a5+ 28.♔b3
☖:b5+ 29.♛:b5 ♛:b5 nebst
30. ... gh erhält Schwarz ein
gewonnenes Endspiel.
Und was geschieht auf 22.b3!?
Dieser Zug ließ mich einen
Monat lang nicht ruhig schla-
fen. Klar war, daß Schwarz
besser steht, aber wo lag der
Gewinn? Ich grübelte lange,
stellte die verschiedensten Überlegungen an, denn ich glaubte,
daß alles, wie in einer guten
algebraischen Aufgabe, stim-
men muß. Wenn man dort die
Hauptsache gefunden hat,
müssen sich auch die Nebenlö-
sungen finden lassen. Als ich
eines Morgens mir wieder die
Stellung ansah, glaubte ich
meinen Augen nicht zu trauen:

Da gab es ja den ganz einfachen Zug 22. ... ♘:d5!! Falls
jetzt 23.♘:d5, dann 23. ...
♛:c4+! (24.bc ☖b1 matt),
und auf 23.♗:d5 führt 23. ...
☖:d5 zum Sieg.
Die Freude währte indes nicht
lange: Ich ersetzte den Zug
22.b3 durch 22.♗b3 und ver-
sank in Nachdenken ... noch
weitere zwei Monate! Denn ich
erkannte, daß nach 22.♗b3
♘d3+ 23.♔b1 ein Abzugs-
schach nicht gewinnt. Es gibt
viele verlockende Kombinatio-
nen, aber mehr als ewiges
Schach ist nicht zu sehen, zum
Beispiel 23. ... ☖:b3 (23. ...
♘f2+ 24.♗c2!) 24.ab ♘b4+
25.♔a1 ♛a5+ 26.♘a4 ♘c2+
27.♔b1 usw.
Wer kann sich vorstellen, was
für ein Glück ich empfand, als
ich den vernichtenden stillen
Zug 22. ... a5!! entdeckte! Es
droht 23. ... a4 24.♗:a4 ♘:a2
matt, und die einzige Verteidigung ist 23.♛e2 a4 24.♗c4.

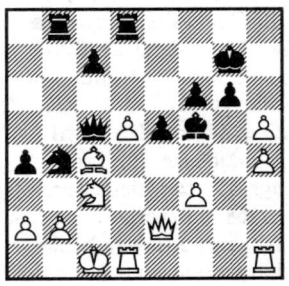

Und jetzt 24. ... ♗d3!! Dies
ähnelt der Kombination in der
Variante mit 22.♛e2, aber mit

einem anderen Motiv. Dort nutzte Schwarz das Feld a5 und die a-Linie aus, hier den energiegeladenen Randbauern. Nach 25.♗:d3 ♘:a2+ 26.♔c2 a3 (aber nicht das „Rezept" 26. … ♖:b2+? 27.♔:b2 ♕:c3+ 28.♔:a2 ♖b8 wegen 29.♖b1!) 27.♖b1 ♖:b2+! 28.♖:b2 ♕:c3+ 29.♔b1 ab 30.♕c2 ♖b8 ist die weiße Stellung völlig hoffnungslos. Diese späteren Funde haben mir ein großes schöpferisches Vergnügen bereitet, weil ich im Schach eine Partie vor allem als ein makelloses Kunstwerk schätze.

19. …   h5:g4

Viele Schachzeitschriften, in denen diese Partie veröffentlicht wurde, schlugen die Zugumstellung 19. … ♘d4 vor. Doch darauf gibt es den hervorragenden Antwortzug 20.♕g2!, der das ganze Kampfbild verändert. Folglich bildet 19. … hg! die einzig annehmbare Lösung des Stellungsproblems.

20.♗f1:c4   …

Besondere Aufmerksamkeit mußte der Hauptdrohung 20.h5!? g5 21.♕c2 zugewendet werden. Immer läuft es auf den gleichen Doppelangriff hinaus, denn es droht sowohl das Schlagen auf c6 als auch der unangenehme Besuch der Dame beim schwarzen König. Aber: 21. … ♘d4! 22.♕g6+

♔f8 23.d6 (23.♘:c4 ♕g7!) 23. … cd 24.h6 (falls 24.♖:d4 ed 25.♘:c4, dann 25. … ♕g7) 24. … ♗f5 25.h7 (die einzige Chance) 25. … ♗:g6 26.h8♕+ ♔f7 27.♘:c4+ d5 28.♗:d5+ ♖:d5 29.♕:b8

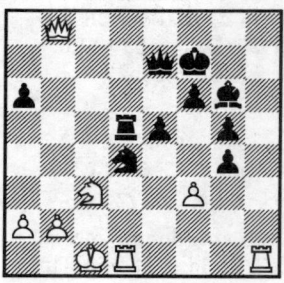

29. … ♘e2+ 30.♘:e2 ♕c5+ 31.♘c3 ♕e3+ mit Matt im nächsten Zug. Diese ganze Variante galt es bei 19. … hg! zu berechnen. Denn wenn es kein Matt gäbe, muß Schwarz aufgeben.
Nach 20.♗:c4 gerät der Angriff von Weiß jäh ins Stocken, und seine Stellung fällt wie ein Kartenhaus zusammen.

20. …   ♘c6–d4

Der Traum des Springers hat sich erfüllt – mit entscheidender Wirkung hat er das zentrale Feld d4 besetzt.

21.f3:g4   ♗c8:g4
22.♖d1–f1   ♖b8–b4!
23.h4–h5   …

Ein verzweifelter Versuch, die Aufgabe von Schwarz zu erschweren. Auch 23.b3 ♖:c4

24.bc ♖b8 oder 23.♘:a6
♖db8 24.b3 ♖:b3 ist aus-
sichtslos.

23. ...	♖b4:c4
24.h5:g6	♖c4:c3+
25.♕d2:c3	...

Auf 25.bc gewinnt 25. ...
♕a3+ 26.♕b2 (oder 26.♔b1
♖b8+ 27.♔a1 ♘b3+) 26. ...
♘e2+ 27.♔c2 ♕:b2+
28.♔:b2 ♘g3.

25. ...	♘d4–e2+
26.♔c1–c2	♘e2:c3
27.♖h1–h7+	♔g7:g6

Weiß gab auf, denn nach
28.♖:e7 ♘:d5 sitzt sein Turm
in der Falle.

Partie Nr. 10
Kotronias–Gufeld
Athen 1985

1.d2–d4	♘g8–f6
2.c2–c4	g7–g6
3.♘b1–c3	♗f8–g7
4.e2–e4	d7–d6
5.f2–f3	0–0
6.♗c1–g5	...

Diese Variante kann als Beweis
dafür dienen, wie rasch sich
heutzutage die Eröffnungstheorie aktueller Systeme entwik-
kelt.
In Gellers 1980 erschienenem
Buch „Königsindische Verteidigung" wird diese Fortsetzung
nur als eine mögliche Spiel-
weise erwähnt, aber fünf, sechs
Jahre später ist sie ein Haupt-
abspiel im Sämisch-System

und in letzter Zeit häufig anzutreffen. Die Idee des Läuferausfalls besteht darin, e7–e5
zu verhindern, weil auf 6. ...
e5 jetzt 7.de de 8.♘d5 folgt.
Gewöhnlich entwickelt man im
Sämisch-System den Läufer
nach e3. Wenn heute oft von
diesem natürlichen Entwick-
lungszug abgewichen wird, läßt
sich dies nur dadurch erklären,
daß er die Weißspieler nicht
völlig zufriedenstellt. Indem
Weiß den Läufer nach g5
zieht, lädt er Schwarz zu 6. ...
h6 ein. Nachdem der Läufer
diese für Weiß vorteilhafte
Schwächung der schwarzen Königsstellung provoziert hat,
zieht er sich nach e3 zurück.
Aber muß der Nachziehende
seine Aufmerksamkeit auf den
Läufer g5 richten, der vorerst
nichts droht?

| 6. ... | ♘b8–c6 |

Wenn Weiß dem Punkt d4
keine Beachtung schenkt, muß
ihn Schwarz unter Beschuß
nehmen. Dafür eignet sich
6. ... c5 nicht so gut, weil
Weiß dann mittels 7.d5 e6
8.♕d2 ed 9.cd die d-Linie
schließt und für seinen Da-
menläufer eine nützliche Ver-
wendung findet.
Der Zug 6. ... ♘c6 ist seiner
Natur nach eine ähnliche Provokation wie der sechste Zug
von Weiß. Schwarz lädt den
Bauern zum Angriff auf den
Springer ein. Nach 7.d5 ♘e5
nebst e7–e6 erhalten jedoch

die schwarzen Figuren durch das nicht geschlossene Zentrum Aktionsraum, und der Zug f2–f3 erweist sich als verfehlt.

7.♘g1–e2   a7–a6!

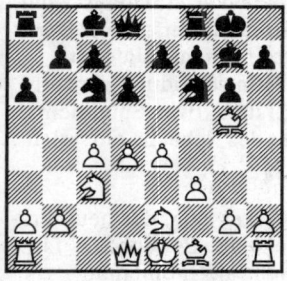

Mir gefällt dieser Zug, der einen vom strategischen Standpunkt aus sehr logischen Plan einleitet. Da der Anziehende bereits seinen Aufmarschplan aufgedeckt hat, ist es für Schwarz leichter, sich zu orientieren. Er kann zwischen einer abwartenden Verteidigungsstrategie und einem aktiven Gegenspiel wählen.

Der Zug 7. ... a6 entspricht dem Geist der Stellung, weil die verborgenen Sprungfedern einer Konterattacke mittels b7–b5 wirksam werden, die sich gegen den Punkt c4 wie auch gegen das Zentrum (im Falle von b5–b4) richtet. Dieses Gegenspiel von Schwarz ist keineswegs schwächer als der weiße Angriff am Königsflügel.

8.♕d1–d2   ♗c8–d7

Die Pläne von Schwarz können auch in andere Richtungen gehen, wie 8. ... ♖b8 (siehe die Partie Nr. 9 gegen Mestel) oder 8. ... ♖e8 9.h4 h5 10.♕e3 ♗d7 11.0–0–0 b5 12.e5 ♘a5! 13.♘f4 ♗f5 mit gutem Spiel (Timoschtschenko–Podgajez, Charkow 1985). Die Tatsache, daß Schwarz sogar zwischen verschiedenen aktiven Plänen wählen kann, stellt das wichtigste Argument gegen den verpflichtenden weißen Zug f2–f3 dar.

9.h2–h4   h7–h5

Wiederum das gleiche Vorgehen, um maximale Aktivität zu erlangen. Den weißen Bauern nach h5 zu lassen wäre gefährlich. Um den Vorstoß g2–g4 durchzusetzen, werden jetzt einige wertvolle Tempi benötigt, die Schwarz für die Entfaltung seiner Streitkräfte ausnutzen kann. Das Spiel verschärft sich Zug um Zug.

10.♕d2–e3   ...

Die moderne Fortsetzung. Für Schwarz wäre es nun unvorteilhaft, e7–e5 zu spielen, da die nach der langen Rochade sich ergebende Gegenüberstellung des Turmes d1 und der Dame d8 Weiß zustatten käme. Aber Schwarz verfügt über andere Ressourcen.

10. ...   b7–b5
11.0–0–0   ♘c6–a5
12.♘e2–f4   ♘f6–h7

Die schwarzen Springer handeln gegen die positionellen Regeln, nach denen für sie Standorte auf Randfeldern nicht zu empfehlen sind. Die Dezentralisierung ist hier aber durch nicht weniger wichtige Überlegungen gerechtfertigt: Die Springer stellen von ihren Randstellungen aus Drohungen gegen feindliche Kampfeinheiten auf!

13.e4–e5   ♘h7:g5

Nicht 13. ... f6?, weil dann der Läufer sein Leben teuer verkauft: 14.ef ef 15.♘:g6 fg 16.♘e7+ ♔f7 17.♗d3!

14.h4:g5   c7–c5
15.d4:c5   ♗g7:e5!

Die schwarze Stellung sieht angesichts der Möglichkeit 16.g4 nicht ungefährlich aus.
Als ich 15. ... ♗:e5 spielte, hatte ich die durchaus nicht offensichtliche Riposte 16.g4 ♖c8!! in Betracht gezogen. Die Idee besteht darin, im Falle von 17.gh ♖:c5! das Gegenspiel gegen den weißen König zu forcieren. Alle Varianten sind günstig für Schwarz. Seine Figuren nehmen sowohl am Angriff als auch an der Verteidigung teil. Zwar gerät auch die schwarze Majestät unter Beschuß, aber sie kann erfolgreich verteidigt werden.
Eine Variante sei angeführt:
17.gh ♖:c5 18.hg ♘:c4
19.♗:c4 ♖:c4 20.gf+ ♖:f7
mit Vorteil für Schwarz.

Ich möchte den Zug 16. ... ♖c8 als typisch für meinen schachlichen Geschmack bezeichnen. Mag sein, daß ich nicht immer ins Schwarze treffe und dort einen aggressiven Zug mache, wo die Stellung eine Verteidigungs- oder Abwartetaktik erfordert. Doch in den meisten Fällen ist meine Entscheidung gerechtfertigt, da aktives Spiel dem Geiste des Schachs entspricht.

16.♘f4–d5!   ...

Ein starker Zug, der neue Probleme stellt. Es droht f3–f4, was Schwarz momentan zwingt, die Aufmerksamkeit von den Flügeln auf das Zentrum zu verlegen, wo der Hauptkampfplatz entsteht.

16. ...   ♖f8–e8?!

Mein Zug erscheint logisch, da er die Drohung von Weiß pariert, den Punkt e7 verteidigt und sich der Turm ins Zentrum begibt. Aber er ist mit einem Nachteil verbunden – er schwächt den Punkt f7, was sich später auswirken kann. Deshalb verdiente 16. ... ♗e6! den Vorzug.

17.g2–g4!   ...

Jetzt geht der Zug 17. ... ♖c8 nicht: 18.gh ♖:c5 19.hg ♘:c4 20.♗:c4 ♖:c4 21.gf+, und der König muß schlagen (statt des Turmes) und sich auf eine gefährliche Reise begeben.

17. ...   h5:g4

18.c5:d6   e7:d6

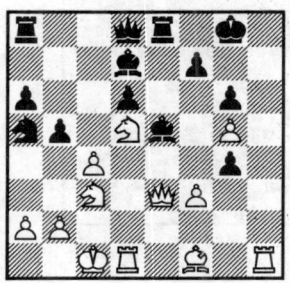

Es ist eine kritische Stellung entstanden, von der das Schicksal der Partie abhängt. Weiß könnte 19.♘e4! mit Schachdrohung auf f6 spielen. Wie soll Schwarz darauf reagieren? Für das prophylaktische 19. ... ♗f5 bleibt keine Zeit wegen 20.♘df6+ ♗:f6 21.gf! mit der entscheidenden Drohung 22.♖h8+! ♔:h8 23.♕h6+ und Matt im nächsten Zug. Auch andere Versuche von Schwarz können nicht befriedigen: 19. ... ♖c8 20.♘df6+ ♔g7 21.♖h7+ ♔f8 22.♖:d6! ♘:c4 23.♗:c4 ♖:c4+ 24.♔b1 ♗:d6 25.♘:d6!, und Weiß gewinnt; 19. ... ♔f8 20.♘df6 ♕c7 21.♖h8+ ♔g7 22.♖h7+ ♔f8 23.f4 ♘:c4 24.♗:c4 ♕:c4+ 25.♔b1 mit Gewinn; oder 19. ... ♖e6 20.♘df6+ ♖:f6 21.gf ♗:f6 22.♖:d6, und Schwarz steht schlecht. 19. ... ♔g7 verbietet sich wegen 20.f4! Es ließen sich noch andere Versuche vorschlagen, um Ver-

teidigungsressourcen aufzuspüren – aber werden sie Erfolg haben?

19.f3–f4?   ...

Weiß verfolgt weiter seinen gefaßten Plan, der sich als fehlerhaft erweist.

19. ...   ♗e5–g7
20.♘c3–e4   ...

Jetzt ist es dafür schon zu spät, weil der Springer auf dem Feld e4 keine Bauernunterstützung besitzt, der Läufer von g7 aus zuverlässig den König verteidigt, und der Turm auf der e-Linie zur Geltung kommt. Das verborgene Gegenspiel von Schwarz tritt in Aktion.

20. ...   ♗d7–c6!

In Betracht kam auch bereits das für meinen Spielstil typische 20. ... ♖c8, zum Beispiel 21.♘df6+ ♗:f6 22.♘:f6+ ♕:f6 23.♕:e8+ ♗:e8 24.gf ♘:c4 25.♗:c4 ♖:c4+ 26.♔b1 ♗c6 mit Vorteil für Schwarz.

21.♘e4–f6+   ♔g8–f8

Auch sogleich 21. ... ♕:f6 war spielbar, aber ich hatte diese Möglichkeit nicht bis zu Ende geprüft. Dagegen verbot sich 21. ... ♗:f6 wegen 22.♕:e8+, und falls 22. ... ♗:e8, dann 23.♘:f6+ ♕:f6 24.gf ♗c6 25.♖h2! mit deutlichem Übergewicht für Weiß. Auf 23. ... ♔f8 folgt 24.♖h8+ ♔e7 25.♖e1 matt!

22.♘f6–h7+ ♔f8–g8
23.♘d5–f6+ ...

Zwingt Schwarz, den richtigen Zug auszuführen.

23. ... ♕d8:f6!
24.♘h7:f6+ ♗g7:f6
25.♕e3–a3 ...

In dieser Situation verdiente 25.♕b6 Beachtung, um nach 25. ... ♗d8 den Läufer von der großen Diagonale abzulenken, zum Beispiel 26.♕g1 ♗:h1 27.♕:h1 ♖c8. Schwarz hat auch hier ein bequemes Spiel, doch jetzt ist es noch günstiger.

25. ... ♗f6–g7
26.♖h1–h2 ...

Vielleicht war 26.♖g1 besser, aber das ändert nicht die prinzipielle Bewertung der Stellung.

26. ... ♘a5:c4
27.♗f1:c4 b5:c4
28.♕a3–g3 ...

Die Dame ist erstaunlicherweise nicht in der Lage, erfolgreich gegen das Läuferpaar und den g-Bauern zu kämpfen. Der Grund dafür ist, daß die schwarzen Streitkräfte prächtig zusammenwirken.

28. ... ♗c6–f3
29.♖d1:d6 ...

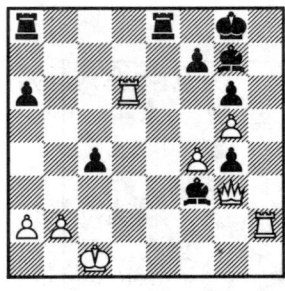

29. ... c4–c3!

In der vorliegenden Stellung besitzt Weiß ein arithmetisches Kräfteübergewicht. Aber um wieviel übertreffen die formal schwächeren Kräfte von Schwarz die weißen an Aktivität!

30.♖d6–f6 ...

Jetzt wird der weiße König ins Freie getrieben. Deswegen war 30.b4 zäher. Allerdings besaß Schwarz auch in diesem Falle Gewinnchancen.

30. ... c3:b2+
31.♖h2:b2 ♖e8–d8!

Das Signal zum Mattangriff.

32.f4–f5 ♖d8–d1+
33.♔c1–c2 ♖a8–c8+
34.♔c2–b3 ♖d1–d3+
35.♔b3–b4 ...

Auf 35.♔a4 folgt 35. ... ♗c6+.

35. ... ♗g7–f8+!

Mein Gegner gab auf. Er wollte sich das hübsche Matt 36.♔a5 ♖a3+ 37.♔b6 ♗c5! nicht zeigen lassen.

68

ZWEITES KAPITEL

Klassisches System

1.d4 ♘f6 2.c4 g6 3.♘c3 ♗g7
4.e4 d6 5.♘f3 0–0 6.♗e2

Weiß spielt die Eröffnung in voller Übereinstimmung mit den klassischen Lehrsätzen. Er hat ein ausgedehntes Zentrum aufgebaut, ohne Verzögerung die Figuren des Königsflügels entwickelt und damit die kurze Rochade vorbereitet. Sein Plan sieht vor allem Aktionen im Zentrum und am Damenflügel vor. Für Weiß ist es vorteilhaft, möglichst lange die Spannung im Zentrum aufrechtzuerhalten, was dem Gegner die Entwicklung des Damenflügels und ein Gegenspiel erschwert.

6. ...   e5

Die Hauptfortsetzung im klassischen System. Sich auf taktische Möglichkeiten stützend, führt Schwarz unverzüglich einen Schlag gegen das feindliche Zentrum.

7.0–0   ...

Die aussichtsreichste Fortsetzung, bei der die Spannungen bestehen bleiben. Jede Eröffnungsvariante besitzt ihr eigenes Gesicht. Es gibt Systeme, deren „Sternstunden" vorüber sind und die ein Schattendasein fristen, während andere

zum ständigen Repertoire der stärksten Schachmeister gehören. Am Beispiel des klassischen Systems der Königsindischen Verteidigung läßt sich auch die Veränderlichkeit der schachlichen Mode verfolgen. Das betrifft besonders das Taimanow-Aronin-System, das nach 7. ... ♘c6 8.d5 ♘e7 entsteht.

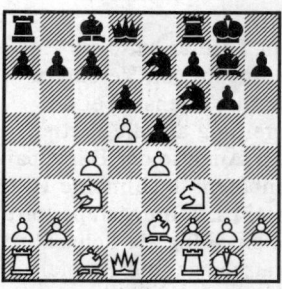

In den fünfziger Jahren galt hier als stärkste Fortsetzung 9.♘e1. Danach wurde der Zug 9.b4 modern. Noch in den Lehrbüchern der zweiten Hälfte der sechziger Jahre wurde der Zug 9.♘d2 überhaupt nicht erwähnt, doch in den Jahren 1969–70 spielten bereits alle so. Es blieb Taimanow vorbehalten, im Wettkampf gegen Fischer die längst vergessene Fortsetzung 9.♗d2

anzuwenden, und so wurde
dieser Zug wieder modern. In
letzter Zeit haben sich Theoretiker und Praktiker erneut der
Fortsetzung 9.♘e1 zugewandt.
Bevor wir dieser sehr kompli-
zierte System gründlich behandeln, sei eine kleine Abschwei-
fung erlaubt.
Die Geschichte trug sich zu,
als ich siebzehn war. Während
einer Landesmeisterschaft der
Jugend – verliebte ich mich.
Meine Liebe galt einem ent-
zückenden Mädchen mit großen blauen Augen, und da sie
zudem noch Schachspielerin
war, verstärkte sich mein sehn-
süchtiges Verlangen. Sie hieß
Bella.
In dem Turnier hatte sie eine
große Anzahl von Verehrern,
die ihr ihre Dienste bei der
Vorbereitung auf die Partien
und der Analyse der Hängepartien anboten, doch meine Hilfe
und mein Eröffnungsrepertoire
lehnte sie völlig ab. Schachliche Ratschläge und Empfeh-
lungen, die ich zu geben versuchte, um ihre Zuneigung zu
gewinnen, nahm sie nicht an.
Trotzdem ging ich jeden Tag
begeistert zu dem Qualifika-
tionsmatch, mich insgeheim
freuend, Bella zu sehen. Jeder,
der einmal in diesem Alter ver-
liebt war, wird mich ohne weiteres verstehen.
Im Turnier bot sich mir die
Möglichkeit, fünf Stunden
lang in der Nähe der schönen
Bella zu sein, die sich mit meiner Anwesenheit abfinden
mußte.
In einer der Runden traf die
Mannschaft der Ukraine auf
die von Usbekistan. Ich spielte
gegen Chasidowski.

Partie Nr. 11
Chasidowski–Gufeld
Jugend-Mannschaftsmeister-
schaft der UdSSR

1.d2–d4	♘g8–f6
2.c2–c4	g7–g6
3.♘b1–c3	♗f8–g7

Wenn Bella doch gewußt hätte,
wie beständig ich im Leben
bin! Heute bekenne ich, daß
ich, obwohl seit dieser Zeit
dreißig Jahre vergangen sind,
immer noch an meine erste
Liebe glaube – an die Königsindische Verteidigung. Es ist
durchaus wahrscheinlich, daß
ich ihr gerade seit damals
meine unentwegte Aufmerk-
samkeit zuwandte. Ich spiele
auch jetzt noch Königsindisch,
und das ruft Assoziationen an
das herrliche Gefühl der ersten
Liebe hervor.

4.e2–e4	d7–d6
5.♘g1–f3	0–0
6.♗f1–e2	e7–e5
7.0–0	♘b8–c6
8.d4–d5	♘c6–e7
9.♘f3–e1	♘f6–e8
10.♗c1–e3	f7–f5
11.f2–f3	...

Dem Leser mag es scheinen,
daß die Eröffnung Schach-

freunde unserer Tage gespielt
haben, aber es war in den fünfziger Jahren!

11. ...	f5–f4
12.♗e3–f2	g6–g5
13.♘e1–d3	♖f8–f6

Ein anderes modernes Schema
der Figurenaufstellung ist
♘d7–f6, ♖f8–f7, ♘e7–g6,
♗g7–f8. Jedoch damals taste-
ten die Spieler noch nach dem
richtigen Weg in der Königsindischen Verteidigung.

14.c4–c5	♖f6–g6
15.h2–h3	h7–h5
16.♘d3–e1	g5–g4
17.h3:g4	h5:g4
18.f3:g4	♘e8–f6
19.g4–g5	♖g6:g5
20.c5:d6	c7:d6
21.♘e1–f3	♖g5–h5
22.♘f3–d2	♖h5–h7
23.♖a1–c1	♘e7–g6
24.♕d1–b3	♗g7–f8
25.♘c3–b5	♗c8–g4
26.♕b3–d3	f4–f3
27.♗e2:f3	♘g6–f4!
28.♕d3–b3	♕d8–e8!
29.♖c1–c7	...

Hier folgte vernichtend:

29. ...	♖h7–h1+!!
30.♔g1:h1	♕e8–h5+

Ein Turmopfer für Tempogewinn. Fast alle Wettkampfteil-
nehmer liefen zu unserem
Brett, nachdem sie von dieser
Kombination gehört hatten.
Fast alle – Bellotschka, die in
der Mannschaft der RSFSR
spielte, kam nicht.
Wie ich mich erinnere, eilte
ich zu ihrem Brett in der Hoffnung, daß sie aufsteht, um sich
diese Kombination anzusehen
und meinen Bemühungen Aufmerksamkeit zu schenken,
denn während der Partie hatte
ich die ganze Zeit an sie gedacht. Bella saß jedoch unbe-
weglich da, über ihren nächsten Zug nachdenkend. Plötzlich wandte sie ihren Blick von
der Stellung, hob den Kopf
und schaute mich mit ihren
unergründlichen, blauen
Augen an. Mir schien es, daß
sie in meinem Blick etwas
mehr bemerkte als einfach nur
Interesse an ihrer Stellung. Mir
kam es sogar vor, als hätte sie

71

verstanden, wonach ich so beharrlich und stumm flehte, und dies störte sie. Nachdem Bellotschka die Augen gesenkt hatte, machte sie schnell einen Zug und – wie schrecklich! – stellte die Dame ein!

Das war eine Tragödie. Aus ihren Augen rollten Tränen.

Sie verlor die Partie. Von dem Geschehen erschüttert, wurde mir bewußt, daß ich bis zu einem gewissen Grad an Bellas Kummer schuld war.

Wenden wir uns wieder meiner Partie zu. In der Analyse nach der Partie wurde festgestellt, daß Schwarz siegen muß. Hier die Hauptvariante: 31.♗h4 (nach 31.♔g1 ♗:f3 gewinnt Schwarz) 31. … ♛:h4+ 32.♔g1 ♗:f3 33.♖:f3 (falls 33.♘:f3, dann 33. … ♘e2 matt, und auf 33.♛:f3 entscheidet 33. … ♘g4) 33. … ♘g4 34.♖:f4 ♛h2+ 35.♔f1 ♛h1+ 36.♔e2 ♛:g2+ 37.♔d3 ef 38.♘d4 ♘e5+ 39.♔c2 f3 40.♘4:f3 ♗h6! 41.♔d1 ♘:f3 42.♘:f3 ♖f8 43.♖c3 ♖:f3 44.♖:f3 ♛d2 matt.

Und wie verhielt sich Bella? Sie ging schnurstracks (welch eine Hinterlist!) zu ihrem Mannschaftsleiter, um sich zu beschweren, und behauptete, daß ich an ihrer Niederlage schuld sei. Am nächsten Morgen wurde ein in seiner Art einmaliger Beschluß der Turnierleitung bekanntgegeben: Dem Teilnehmer der Mannschaft der Ukraine Eduard Gufeld wird untersagt, sich an ein Brett der Damenmannschaft der RSFSR zu begeben.

Ich glaube, daß in der ganzen Geschichte der Schachwettkämpfe nichts Ähnliches von einer Turnierleitung beschlossen wurde. Obendrein wurde mir noch dafür eine Rüge erteilt, daß Bella die Dame stehen ließ.

Nun wollen wir uns wieder auf ernsthafte Weise unserer Thematik zuwenden. In der folgenden Partie hat mein langjähriger Freund Großmeister Leonid Stein Anteil an meinem Sieg, obwohl sein Name nicht auf dem Partieformular steht. Sein scharfes Denken begleite Schwarz auf dem Weg zu diesem schöpferischen Erfolg.

Partie Nr. 12
Taimanow–Gufeld
28. Meisterschaft der UdSSR, 1961

1.d2–d4	♘g8–f6
2.c2–c4	g7–g6
3.♘b1–c3	♗f8–g7
4.e2–e4	d7–d6
5.♘g1–f3	0–0
6.♗f1–e2	e7–e5
7.0–0	♘b8–c6

Das war von mir ziemlich kühn, um nicht zu sagen eine schachliche Dreistigkeit, diese Variante gegen Taimanow anzuwenden, der sie in jenen

Jahren einfach virtuos spielte. Ich würde mich wohl kaum zu diesem Schritt in einer wichtigen Partie eines solchen Turniers entschlossen haben, hätte ich nicht einige zusammen mit Stein ausgearbeitete Ideen in petto gehabt. Er war damals knapp 26 Jahre, ich 25 Jahre. Jugend glaubt eben an sich.

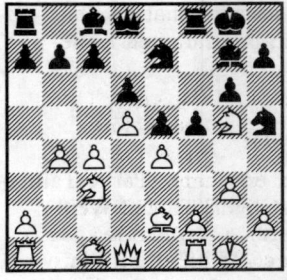

8.d4–d5   ♘c6–e7
9.b2–b4   ...

Diese Fortsetzung trägt Taimanows „Firmenzeichen". Mir war die interessante Partie, die von ihm im Turnier in Santa Fee gegen Gligorić gewonnen wurde, noch frisch im Gedächtnis. Natürlich war sie von den jungen Meistern gründlich analysiert worden. Stein und ich waren zu dem Schluß gelangt, daß Schwarz als Antwort auf den ungestümen weißen Bauernangriff sofortige Aktionen am gegenüberliegenden Flügel unternehmen muß.

9. ...   ♘f6–h5
10.g2–g3   ...

Mit der anderen logischen Fortsetzung 10.c5 machen wir uns in der folgenden Partie vertraut.

10. ...   f7–f5
11.♘f3–g5   ...

Gerade wegen dieser Möglichkeit galt damals der Plan von Schwarz als etwas riskant, denn der Besuch des Springers auf e6 ist wohl kaum erwünscht, zumal für ihn der weißfeldrige Läufer hergegeben werden muß.

Hier sehe ich mich gezwungen, eines meiner kleinen schöpferischen Geheimnisse preiszugeben (jetzt hätte es sowieso keinen Sinn mehr, dieses zu verbergen!). Seit langem schon bezeichnet man den Läufer g7 als den „Gufeld-Läufer". Ja, ich habe für ihn eine sentimentale Schwäche, und aus Dankbarkeit hilft er mir sehr oft. Aus meiner Anhänglichkeit gegenüber dem schwarzfeldrigen Läufer mache ich keinen Hehl. Viele Gegner haben instinktiv versucht, mich von meinem Freund zu trennen – manchmal sogar zum Schaden für ihre Stellung. Sie wußten nicht, daß ich insgeheim auch einen Bund mit dem weißfeldrigen Läufer geschlossen habe, ohne den es Schwarz in der Königsindischen Verteidigung noch schwerer hat als ohne dessen prominenten Kollegen.

11. ...   ♘h5–f6
12.f2–f3   ...

In der erwähnten Partie Taimanow–Gligorić ergriff Weiß nach 12. ... h6 13.♘e6 ♗:e6 14.de c6 15.b5! die Initiative am Damenflügel. Da Stein und ich hier keine Möglichkeit zur Verstärkung des Spiels von Schwarz sahen, konzentrierten wir uns auf eine andere Variante.

12. ...   f5–f4
13.b4–b5   ...

Ein ideenreicher Zug. Weiß verhindert c7–c6 und entfaltet den Angriff am Damenflügel. Sein Mangel besteht jedoch darin, daß er keine konkreten Drohungen aufstellt, wodurch Schwarz ein Tempo für die Inszenierung eines Gegenspiels gewinnt. Bei der ganzen Fortsetzung geht es darum, wie wirksam sich dieses Gegenspiel erweist. Bis zu unserer Partie nahm man an, daß Weiß nichts zu befürchten braucht. Deshalb strebte Taimanow auch so überzeugt diese Stellung an. Wenn er gewußt hätte, welche originelle Kombination Stein ersann, dann wäre diese prächtige Partie nicht zustande gekommen. Heutzutage trifft man 13.c5 häufiger an, zum Beispiel 13. ... fg 14.hg h6 15.♘e6 ♗:e6 16.de d5! 17.ed

♘f:d5 18.♘:d5 ♘:d5 19.♗c4 c6 20.e7! ♕:e7 21.♗:d5+ cd 22.♕:d5+ ♔h7 23.♕e4 a5 24.♖b1, und die Chancen von Weiß sind vorzuziehen (Koroljew–Wainer, Fernpartie).

13. ...   f4:g3
14.h2:g3   ♘f6–h5

Wie soll Weiß den Bauern g3 verteidigen? Scheinbar beliebig. Prüfen wir 15.♕e1. In diesem Falle ist 15. ... c6 16.bc bc möglich. Für Weiß gibt es nun nichts Besseres als 17.♔g2, um für den Springer das Rückzugsfeld h3 zu schaffen. Der Springereinfall nach e6 erscheint hier schon nicht mehr so klar, als wenn die Dame auf d1 steht.
Es drängt sich der Gedanke auf, ob es nicht einfacher wäre, sogleich mit dem König nach g2 zu gehen. So spielte auch Taimanow.

15.♔g1–g2?   ...

Trotz allem mußte doch 15.♕e1 gespielt werden, um der vernichtenden Kombination von Schwarz vorzubeugen. Die in der vorangegangenen Anmerkung erwähnte Variante führte etwa zu gleichem Spiel. Jetzt sieht die weiße Stellung nur äußerlich sicher aus.

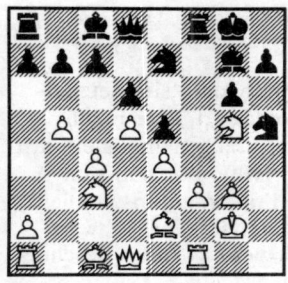

15. ... ♘h5-f4+!!

Ein Lehrbeispiel für ein rein positionelles Figurenopfer. Der Gegenwert für den Springer ist nicht gering: Der weiße König hat keine Bauerndeckung mehr, und die schwarzen Figuren entfalten Aktivität. Genügt das? Stein hegte keinen Zweifel, daß die Rechnung aufgeht, und ich ebenfalls nicht.

16. g3:f4   **e5:f4**

Was droht? Vor allem das Schlagen des Springers c3, und wenn ihn Weiß verteidigt, kommt der Springer e7 ins Spiel, zum Beispiel 17.♗b2 ♘f5! oder 17.♕e1 ♘:d5! Deshalb ist Weiß praktisch gezwungen, einen zweiten Bauern zu geben, um den Punkt e4 für seine Figuren zu räumen.

17. e4-e5   **♗g7:e5**
18. ♘g5-e4   **♘e7-f5**

Es droht 19. ... ♗:c3 20.♘:c3 ♕g5+!

19. ♖f1-g1   **♘f5-g3!**
20. ♗c1-d2   **♗f6:c3**

21. ♗d2:c3   **♘g3:e4**
22. f3:e4   **♕d8-g5+**

Die genaue Angriffsfortsetzung. Vielen schien es während der Partie, daß 22. ... f3+ mit der Idee 23.♗:f3 ♕g5+ 24.♔f2 ♗g4 stärker ist; falls 25.♖:g4 ♕:g4 26.♔e3, dann 26. ... ♕f4+ 27.♔f2 ♖f7 mit der entscheidenden Drohung 28. ... ♖af8. Jedoch bei der Analyse nach der Partie stellte sich schnell heraus, daß anstelle von 25.♖:g4 der Zug 25.♖g3! möglich ist. Dann bringt weder 25. ... ♗:f3 26.♖:g5 ♗:d1+ 27.♔e3 noch 25. ... ♕h4 26.♔g2! (gar nicht zu reden von 25. ... ♖f7? 26.♕d4!) für Schwarz etwas ein.

Allerdings gibt es auch hier eine vorteilhafte Fortsetzung: 25. ... ♖:f3+! 26.♕:f3 ♖f8, und Schwarz erhält für das Turmpaar die Dame und einen Bauern. Aber die sich ergebenden Tauschaktionen würden den Druck von Schwarz abschwächen.

23. ♔g1-f1   **♗c8-h3+**

Der ziemlich seltene Fall, wo bei einem königsindischen Angriff nicht der schwarzfeldrige, sondern der weißfeldrige Läufer die erste Geige spielt.

24. ♔f1-f2   **♕g5-h4+**
25. ♔f2-f3   **♕h4-h5+**
26. ♔f3-f2   **♕h5-h4+**

Durchaus nicht mit der Absicht, ewiges Schach zu geben. Um nicht in Zeitnot zu geraten, empfiehlt es sich, wenn die Zeitkontrolle näherkommt, die Zahl der ausgeführten Züge zu erhöhen.

27. ♔f2–f3   g6–g5!
28. ♗e2–f1   g5–g4+
29. ♔f3–e2   f4–f3+
30. ♔e2–d3   g4–g3
31. ♗f1:h3   ♛h4:h3

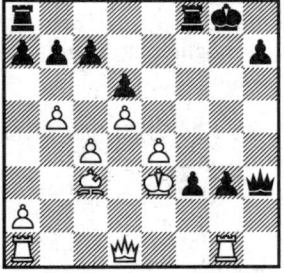

Nun kann man Bilanz ziehen. Weiß besitzt eine Mehrfigur, die auf der großen Diagonale eine beeindruckende Stellung einnimmt, und sein König hat sich den direkten Drohungen entzogen. Doch wie soll Weiß das gegnerische Freibauernpaar aufhalten? Wenn ihm kein Gegenspiel gelingt, kostet das einen Turm.

32. ♛d1–d2   …

Zum erstenmal in der Partie stellt Weiß eine Drohung auf, und was für eine: beinahe ein Mattangriff! Schwarz muß Züge finden, die Angriff und Verteidigung vereinigen.

32. …   ♛h3–g4
33. ♛d2–f2   g3–g2

Die Freibauern sind jetzt sicher blockiert, aber ihnen kommt gegebenenfalls ein dritter zu Hilfe. Wie soll sich Weiß ihm entgegenstemmen? Gelegentlich kann Schwarz den Bauern e4 unter Beschuß nehmen.

34. ♖a1–e1   …

Der Anziehende könnte versuchen, mittels 34. ♛d4 ♔g6 35. ♗e1 ♖ae8 36. ♗f2 ♖f4 37. ♖ae1 umzugruppieren, doch dann sind die weißen Streitkräfte gebunden, und der h-Bauer entscheidet.

34. …   ♖a8–e8!

Mit dem Vorgehen des Bauern hat es keine Eile. Zweckmäßiger ist es, zuerst die Entwicklung zu beenden und zugleich gegnerische Aktivierungsversuche wie e4–e5 zu verhindern.

35. ♔d3–c2   ♖f8–f4
36. ♔c2–b3   ♖f4:e4
37. ♖e1:e4   ♖e8:e4
38. ♛f2:a7   ♛g4–g6
39. ♛a7–f2   ♛g6–g4

Wiederum eine Zugwiederholung, um nicht in Zeitnot zu geraten.

40. ♛f2–a7   ♖e4–e8

An dieser Stelle wurde die Partie vertagt, und Taimanow schrieb seinen Abgabezug auf. Die häusliche Analyse bereitete keine besondere Mühe.

41.♗c3–e1   ...

Indem Weiß eine Barriere zu errichten sucht, überläßt er den König seinem Schicksal.

41. ...   ♛g4–e4
42.♗e1–f2   ♛e4–d3+
43.♔b3–b4   ♛d3–d2+
44.♔b4–b3   ...

Schwarz bieten sich mehrere Wege zum Sieg, er wählt den einfachsten.

44. ...   b7–b6!

Weiß gab auf, denn für jeden Bauern muß er eine Figur geben. Der h-Bauer brauchte nicht einmal einzugreifen.

Wie man leicht erraten wird, beglückwünschte mich Leonid Stein zu diesem Sieg. Er war auch zur Hängepartie gekommen, obwohl er selbst Hängepartien hatte. Ich dankte ihm für seine schöpferische Mitarbeit. Doch es tat mir sehr leid, daß sein scharfsinniger Fund nur mir allein von Nutzen war. Das Schicksal sorgte indes für einen gerechten Ausgleich. Das geschah acht Jahre später bei der Mannschaftsmeisterschaft der UdSSR in Grosny. Ich debütierte damals in der Auswahlmannschaft Grusiniens, so daß Stein und ich im Wettkampf Ukraine–Grusinien aufeinandertrafen. Es wurde natürlich die Königsindische

Verteidigung gespielt, und bis zum 13. Zug wiederholte sich meine Partie gegen Taimanow! Danach wich Leonid ab, indem er 13.c5 zog, und ich folgte den „klassischen Vorbildern"! Es ging weiter mit 13. ... fg 14.hg ♘h5 15.♛e1 (wiederum ein kleiner Unterschied) 15. ... ♘f4!? In der gegebenen Situation erwies sich dieses Opfer als nicht so effektvoll, da der Springer auf c3 verteidigt ist. Nach 16.gf ef 17.♖f2! ♗d4 18. ♔h1 ♘f5 19.ef ♛:g5 20.♖g2 ♛:f5 21.♗d2 ♗d7 22.♘e4 hatte Weiß den Angriff abgeschlagen und besaß Materialübergewicht. Im 30. Zug war ich an der Reihe, Stein zu beglückwünschen. Auf diese Weise „bedankte" ich mich mit dieser Partie unfreiwillig für seine Hilfe bei meinem Sieg über Taimanow. Am meisten hat dabei die Eröffnungstheorie gewonnen, die um zwei wertvolle Partien bereichert wurde. Was die endgültige Bewertung der Variante anbelangt, so bieten sich Schwarz, wie es scheint, überall verborgene taktische Chancen. Besonders nach 13.c5 konnte der Nachziehende mehrfach stärker fortsetzen, zum Beispiel 13. ... h6 14.♘e6 ♗:e6 15.de d5! oder sogar 15. ... c6. Beachtung verdiente auch nach dem Opfer 20. ... ♛h6+ 21.♖h2 ♛g7 22.♗d2 ♗:f5 mit spürbarer schwarzer Initiative.

Partie Nr. 13
Henley–Gufeld
Tbilissi 1983

1.d2–d4	♘g8–f6
2.c2–c4	g7–g6
3.♘b1–c3	♗f8–g7
4.e2–e4	d7–d6
5.♗f1–e2	0–0
6.♘g1–f3	e7–e5
7.0–0	♘b8–c6
8.d4–d5	♘c6–e7
9.b2–b4	♘f6–h5
10.c4–c5	...

Weiß unternimmt unverzüglich Aktionen am Damenflügel. Für Schwarz ist Eile geboten.

10. ...   ♘h5–f4

Möglich ist auch 10. ... f5, zum Beispiel 11.♕b3 h6 12.ef e4 13.♘h4 ♘:f5 14.♘:f5 ♗:f5 15.♗:h5 gh 16.♗b2 ♕g5 mit scharfem Spiel (Scheeren–Ballon, Amsterdam 1980).

11.♗c1:f4   ...

Der Anziehende trennt sich von seinem schwarzfeldrigen Läufer, doch dafür erhält er ein mächtiges Zentrum.

11. ...   e5:f4
12.♖a1–c1   ...

Ein Fehler wäre es, den Springer mit der Dame zu verteidigen: 12.♕d2 ♗g4! 13.♖ac1 ♗:f3 14.♗:f3 g5! nebst 15. ... ♘g6, und Schwarz erlangt gefährliche Drohungen am Königsflügel.

12. ...   h7–h6

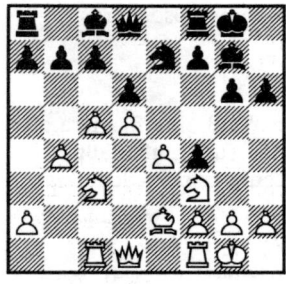

Spraggett wählte hier gegen mich 12. ... a5. Es folgte 13.cd cd 14.♕d2 ab 15.♘b5 f5 16.♗d3 fe 17.♗:e4 ♖a4 18.♖c4 ♗f5 19.♗:f5 ♘:f5 20.♖:b4 ♕a5 21.♖:a4 ♕:a4 22.♕e2, und Weiß erlangte ein geringes, aber nachhaltiges Übergewicht (New York 1983).

13.a2–a4   ...

Eine andere Möglichkeit ist die Überführung des Springers f3 auf die Marschroute ♘f3–d2–c4, zum Beispiel 13.♘d2 g5 14.♘c4 a6 15.♘a4 ♘g6 16.cd cd 17.♘ab6 ♖b8 18.♗g4, und die weiße Stellung verdient den Vorzug (Goodman–Carrion, Mexiko-Stadt 1980).

13. ...	g6–g5
14.h2–h3	♘e7–g6
15.c5:d6	...

Schwächer ist 15.a5 ♖e8 16.♘d2 wegen 16. ... ♗:c3! 17.♖:c3 ♕f6 18.♕c2 ♘e5 19.♖c1 ♔g7 20.♕d1 mit annähernd gleichem Spiel (Malich–Bukić, Vrnjačka Banja 1972).

78

15. ...   c7:d6
16. ♘c3–b5   ♘g6–e5
17. ♘f3–d4   ...

Der Springerabtausch käme
Schwarz gelegen. Nach
17. ♘:e5 ♝:e5 wäre er für die
Erstürmung der gegnerischen
Königsfestung prächtig entwik-
kelt.

17. ...   ♛d8–f6
18. ♝e2–h5!?   ...

Eine interessante Idee. Weiß
läßt die Dame nicht auf das
wichtige Feld g6.

18. ...   ♝c8–d7
19. ♛d1–b3   a7–a6

Beachtung verdiente 19. ...
♚h8.

20. ♘b5–c7   ♜a8–b8

Im Falle von 20. ... ♜ac8 bot
sich Weiß die interessante
Möglichkeit 21. ♘de6!?

21. ♜f1–d1   ...

Das Springerpaar arbeitet gut
zusammen. Doch nun hat der
Springer d4 die Unterstützung
seines Kollegen verloren, und
ein direkter Damenflügelsturm
gelingt aus diesem Grunde
nicht, zum Beispiel 21.b5
♘d3!?, und im Falle von
21. ♘de6 ist am einfachsten
21. ... ♜fc8 22. ♘:g7 ♚:g7 mit
gleichem Spiel.

21. ...   ♚g8–h8
22. b4–b5   g5–g4!
23. h3:g4   ♘e5:g4

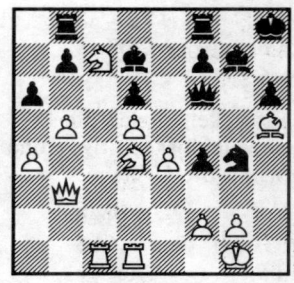

Es ist deutlich sichtbar, daß
bei dem Spiel auf verschiedenen Flügeln Schwarz seinen
Gegner im Aufstellen von Drohungen überholt hat. So ist auf
24. ♘ce6 die Antwort 24. ...
♘:f2! stark, und im Falle von
24. ♘de6 ♘:f2! 25. ♘:f8 ♜:f8
erhält Schwarz starken Angriff.

24. ♘d4–f3   ♜f8–g8

Der Versuch, den Läufer zu
gewinnen, scheitert: 24. ...
♛e7 (mit der Idee 25. ... ♘f6)
25. ♘e6! ♘f6 26. ♘:f8 ♜:f8
27. ba ba 28. ♜c7 ♘:h5 29. ♛b7
♘f6 30. ♜e1, und die weiße
Stellung ist vorzuziehen. Möglich war aber 24. ... ♘e5.

25. ♘c7–e6   ...

Der einzige Zug in einer bereits nicht leichten Situation.

25. ...   ♘g4:f2
26. ♚g1:f2   f7:e6
27. ♜c1–c7!   ...

Wiederum die beste Entscheidung. Auf 27. ♝g4 ist 27. ...
ed! 28. ♝:d7 de stark.

79

27. ...	♗d7–e8	34.♕d3–f3	♗f6–h4+
28.♗h5:e8	♖b8:e8	35.♔f2–f1	♖e6:e4??
29.d5:e6	...		

Ein grobes Versehen in Zeitnot verdirbt die Partie, aber durchaus nicht den Ruf der Eröffnungsvariante.

Hier entwickelten sich die Ereignisse kaleidoskopartig. Hohe Zeitnot war die Ursache.

29. ...	♖e8:e6	36.♘f5:h4	♕g4:h4
30.♕b3–d3!	a6:b5	37.♕f3:e4	♕h4–h1+
31.a4:b5	♕f6–g6	38.♔f1–f2	♕h1–h4+
32.♘f3–h4	♕g6–g4?	39.♔f2–g1	f4–f3
		40.♕e4–h7 matt.	

Wie viele solcher Stellungen wurden ein Opfer der Zeitnot! Mein Freund, der bekannte Leningrader Trainer und Literat Nesis, machte einmal den originellen Vorschlag, einen Sammelband der Schachtragödien mit dem Titel „Weißbuch der Zeitnot" herauszugeben. Vielleicht könnte dieses Buch manchen davon heilen!

Hätte ich etwas mehr Zeit gehabt, wäre für die Dame ein anderes Feld gewählt worden – 32. ... ♕h5 33.♘f5 ♖g6. Jetzt könnte Weiß leicht straucheln: 34.♖:b7? ♖:g2+ 35.♔:g2 ♗d4+; 34.♕f3 ♕h2! 35.♖:g7 ♖8:g7 36.♘:g7 ♖g3; 34.♘e7 ♖g3 35.♕d5 (oder 35.♕c4 d5!! 36.♖:d5 ♕h1) 35. ... ♖:g2+!! 36.♔:g2 ♕e2+ 37.♔h3 ♕f3+ 38.♔h2 ♕g3+, und Schwarz gewinnt in allen Varianten. Lediglich mit 34.♖:g7! konnte Weiß den Kampf fortsetzen.

33.♘h4–f5   ♗g7–f6?!

Wie gern möchte man doch in Zeitnot Schach bieten!

Meine königsindischen Duelle mit Polugajewski trugen immer prinzipiellen Charakter. Dabei ging es auch nicht ohne Niederlagen für mich ab.

Partie Nr. 14
Polugajewski–Gufeld
Sotschi 1981

1.c2–c4	g7–g6
2.d2–d4	♘g8–f6
3.♘b1–c3	♗f8–g7
4.e2–e4	d7–d6
5.♗f1–e2	0–0
6.♘g1–f3	e7–e5
7.0–0	♘b8–c6
8.d4–d5	♘c6–e7
9.♘f3–e1	♘f6–d7
10.♘e1–d3	f7–f5
11.♗c1–d2	♘d7–f6
12.f2–f3	♔g8–h8

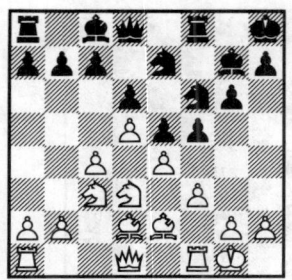

Dieses System hatte Polugajewski nicht lange vor unserer Partie in sein Repertoire aufgenommen. Es brachte ihm eine Reihe von überzeugenden Siegen, beispielsweise im Viertelfinale des Kandidatenwettkampfes gegen Tal (Alma-Ata 1980). Das forcierte Abspiel nach 12. ... f4 13.c5, in dem Weiß einen ungestümen Angriff am Damenflügel entfaltet, war von meinem Gegner sorgfältig untersucht worden, und ich wollte mich nicht am Brett mit einer häuslichen Vorbereitung auseinandersetzen. Als Beispiel führe ich an: 13. ... c6!? 14.cd ♕:d6 15.dc ♘:c6 16.♘b5 ♕e7 17.♘b4 ♗e6 18.♘:c6 bc 19.♘a3 ♕c5+ 20.♔h1 ♘h5 21.♗c4 ♗:c4 22.♕c2 mit Initiative für Weiß (Ftačnik–Gufeld, Tallinn 1981).

13.g2–g4   ...

Das ist keineswegs ein Versuch, hier die Initiative zu ergreifen – eher das Bestreben, die Verteidigung des Königsflügels auf vorgeschobene Positionen zu verlagern. Der Zug bezweckt, den Königsflügel zu blockieren. Zum Beispiel büßen nach 13. ... f4? 14.h4! alle schwarzen Figuren ihre Beweglichkeit ein, wonach sich die weiße Initiative am Damenflügel von selbst entwickelt. Auch ein Abtausch auf e4 oder g4 wäre fehlerhaft.

Die Alternative ist 13.b4 ♘eg8 14.♖c1 ♗h6 15.c5 ♗:d2 16.♕:d2 f4 17.cd cd 18.♘f2 (zum Ausgleich führt 18.♘b5 ♕b6 19.♘f2 ♗d7) 18. ... g5 19.♘b5 ♘e8 (schwächer ist 19. ... ♖f7 wegen 20.♕c3) 20.♖c3 ♘gf6 21.♖fc1 ♗d7 22.a4 ♖g8 (eine ernste Ungenauigkeit wäre 22. ... a6 23.♘c7 ♘:c7 24.♖:c7 ♗c6 25.♖7:c6 bc 26.♖:c6 mit Übergewicht für Weiß; als etwas besser erwies sich 23. ... ♖c8) 23.♘c7 ♘:c7 24.♖:c7 ♖b8 25.a5 a6 26.b5 ab 27.♕b4 ♗c6 28.♖f7 ♗e8 mit Remis (Jermolinski–Gufeld, UdSSR 1981).

13. ...   c7–c6

Eine Regel der Schachstrategie lautet: Ziehe die Bauern nicht dort, wu du schwächer bist! Und der Damenflügel ist hier das Gebiet, wo Weiß Ansprüche erhebt und wo er Raumüberlegenheit besitzt.

In diesem konkreten Fall bildet jedoch die von Schwarz gewählte Fortsetzung durchaus keine Ausnahme von der Regel, sondern eher die Konse-

quenz davon, daß sich Weiß
mit dem Zug 13.g4 nicht an
die „Abmachung" hielt.

14.♔g1–h1   ...

Vielleicht war 14.a4 vorzuziehen, aber nach 14. ... a5!
mußte Weiß damit rechnen,
daß der Gegner gegebenenfalls
mittels c6–c5 den Damenflügel schließen kann.

14. ...   b7–b5
15.b2–b3   ...

Nach 15.dc eröffnete sich dem
armseligen Springer e7 eine
glänzende Perspektive auf d4.

15. ...   ♖a8–b8

Mit der Bedrohung des Punktes e4 durch b5–b4 will
Schwarz seinen Kontrahenten
zwingen, am Königsflügel ein
Zugeständnis zu machen.

16.a2–a3   a7–a5
17.♘d3–f2   ...

Der Bauer e4 ist verteidigt,
aber jetzt knistert die weiße
Stellung an der scheinbar feste-
sten Stelle.

17. ...   b5–b4!
18.a3:b4   a5:b4
19.♘c3–a2   f5:e4
20.f3:e4   c6:d5
21.c4:d5   ...

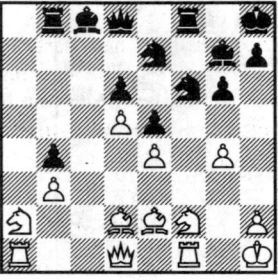

21. ...   ♕d8–b6??

Ich wollte die Stellung noch
mehr verstärken, um nach
22.♔g2 (als ob es nicht andere
Züge gäbe!) mit entscheidender Wirkung die Kombination
22. ... ♘f:d5! 23.ed ♘:d5 auszuführen.
Notwendig war, ohne Zeit zu
verlieren, den lange vorbereite-
ten Schlag auf d5 anzubringen.
Polugajewski hätte dann seine
ganze Verteidigungskunst auf-
bieten müssen.
Hier einige Beispielvarianten:
21. ... ♘f:d5!! 22.ed ♘:d5
23.♔g1 ♕b6; 23.♗f3 ♗b7
24.♗g5? ♖:f3! 25.♗:d8 ♘e3
oder 23.♘e4 ♗b7 24.♖:f8+
♕:f8 25.♗f3 ♖a8! 26.♘g5 h6!
(26. ... e4 27.♗:e4 ♕f6
28.♕f1 ♕:a1 29.♘f7+ ♔g8
30.♘h6+ mit Remis) 27.♘e6
♕f6, in allen Fällen mit gro-
ßem Übergewicht für Schwarz.

22.♘a2:b4   ♘f6:d5

Besser war 22. ... ♗b7.

23.♘b4:d5   ♘e7:d5
24.♗d2–a5!!   ...

Diesen Zug habe ich unterschätzt. Jetzt geht der Vorteil an Weiß über. Obwohl ich der Ansicht bin, daß ich das theoretische Duell gewann, wurde in der Turniertabelle mein Kontrahent Sieger.

24. ...   ♛b6–e3

Hier entdeckte ich das „Loch" in meinen Berechnungen. Auf das geplante 24. ... ♞e3 entschiede 25.♗:b6 ♞:d1 26.♞:d1! ♖:b6 27.♖:f8+ ♗:f8 28.♖a8 ♖c6 29.♗c4.

25.e4:d5   e5–e4

Beschleunigt das Ende.

26.♗a5–d2   ♛e3–d4
27.♗d2–h6!!   ♗c8–b7
28.♛d1:d4   ♗g7:d4
29.♗h6:f8   e4–e3
30.♞f2–h3   ♗b7:d5+
31.♔h1–g1   ♗d4:a1
32.♗f8:d6   ♖b8–a8
33.♖f1–f8+   ♖a8:f8
34.♗d6:f8   ♗d5:b3
35.♗f8–c5

Weiß gewann.

Partie Nr. 15
Vogt–Gufeld
Baku 1980

1.♞g1–f3   ♞g8–f6
2.c2–c4   g7–g6
3.♞b1–c3   ♗f8–g7
4.e2–e4   d7–d6
5.d2–d4   0–0
6.♗f1–e2   e7–e5
7.0–0   ♞b8–c6
8.d4–d5   ♞c6–e7

9.♗c1–d2   ...

Weiß räumt das Feld c1 frühzeitig für seinen Turm und behält sich die Wahl zwischen dem Manöver ♞f3–e1–d3 oder b2–b4 vor.

9. ...   ♞f6–h5

Eine andere Möglichkeit ist 9. ... ♞e8, zum Beispiel 10.♖c1 f5 11.♛b3 b6 12. ef gf 13.♞g5 ♞f6 14.f4 h6 15.fe de 16.c5!?, was in der 3. Partie des Wettkampfes Taimanow–Fischer (1971) geschah.

10.g2–g3   ...

Zum Ausgleich führt 10.♖c1 f5 11.ef ♞:f5 12.♞e4 ♞f4 13.♖e1 ♞:e2+ 14.♛:e2 b6 15.b4 h6 (Taimanow–Spasski, Moskau 1973).

10. ...   f7–f5

Schwarz darf das Gegenspiel am Königsflügel nicht hinauszögern. Auf 10. ... c6?! 11.♖c1 f5 würde 12.dc bc 13.c5! folgen (Podgajez–Raschkowski, Tscheljabinsk 1975).

11.e4:f5   ♞e7:f5

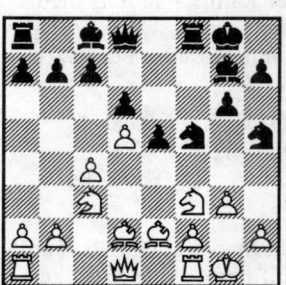

Dieses Schlagen erscheint unmöglich wegen 12.g4, doch 12. ... ♘d4! 13.gh ♘:e2+ 14.♕:e2 ♗g4 gäbe Schwarz gefährlichen Angriff.

12.♘c3–e4   ...

Das in solchen Stellungen anzutreffende Standardmanöver 12.♘g5 ist hier ungeeignet, denn das Feld g5 muß für den Läufer frei bleiben.

12. ...   ♘h5–f6
13.♗d2–g5   ...

Weiß beabsichtigt, seinen Läufer zu tauschen, um die Stellung des Springers auf dem beherrschenden Feld e4 zu festigen.

13. ...   h7–h6
14.♗g5:f6   ♗g7:f6
15.♗e2–d3   ♗f6–g7
16.h2–h4   c7–c6!

Eine wichtige Neuerung. Schwarz fehlt die Möglichkeit für ein aktives Spiel am Königsflügel mittels g6–g5–g4, und deshalb muß er unverzüglich die gegnerischen Zentrumspositionen unterminieren. Früher wählte man das mehr indifferente 16. ... b6 17.♔g2 ♗b7 mit besseren Perspektiven für Weiß.

17.♔g1–g2   ♗c8–d7
18.♕d1–d2   c6:d5
19.c4:d5   ♕d8–b6
20.♖a1–d1   ...

Beachtung verdiente 20.♖ac1, um auf der c-Linie Spiel zu

bekommen und die gegnerische Turmverdopplung auf der f-Linie zu erschweren.

20. ...   ♖f8–f7
21.♗d3–b1?!   ...

Weiß agiert weiterhin ohne Plan und gerät in eine schlechte Stellung.

21. ...   ♖a8–f8
22.g3–g4?!   ...

Eine ernsthafte Schwächung der Stellung am Königsflügel. Jetzt visiert Schwarz den wichtigen Punkt f4 an.

22. ...   ♘f5–e7
23.♘f3–h2   ♗d7–b5!
24.♖f1–g1   ...

Schlecht ist bereits 24.♗d3 wegen 24. ... ♘:d5! 25.♗:b5 ♘f4+ (die Schwäche des Feldes f4 zeigt sich!) 26.♔g1 ♕:b5 27.♘:d6 ♕c6! nebst 28. ... ♖d7, und Schwarz gewinnt. Vielleicht mußte 24.f3!? versucht werden.

24. ...   ♗b5–c4
25.h4–h5   ♗c4:d5
26.f2–f3   g6–g5

Im Falle von 26. ... ♖f4 konnte Weiß auf den schwarzen Feldern mittels 27.g5!? Hindernisse errichten.

27.b2–b3   ♖f7–f4
28.♖g1–f1   ♖f8–d8!

Schwarz muß das Vorgehen des Freibauern d6 sichern.

29.♖f1–e1   ♗d5–f7

30. ♘h2–f1	d6–d5
31. ♘f1–e3	♘e7–c6

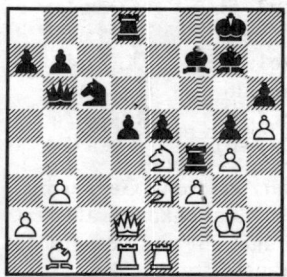

Die schwarzen Figuren und Bauern besitzen eine kolossale potentielle Energie, und nichts kann sie daran hindern, diese zu entladen.

32. ♘e4–g3	e5–e4

Der entscheidende Sturm beginnt.

33. ♘e3–f5	...

Die Öffnung des Spiels durch 33.fe de bedeutet für Weiß den sicheren Untergang.

33. ...	♖f4:f3
34. ♘f5:g7	♔g8:g7
35. ♕d2–b2+	♔g7–g8
36. ♘g3–f5	♖f3:f5
37. g4:f5	♕b6–c7!

Trotz annähernder Materialgleichheit befindet sich Weiß infolge der unsicheren Stellung seines Königs in einer aussichtslosen Lage. Besonders bedrohlich sieht das verbundene schwarze Bauernpaar im Zentrum aus. Schlecht wäre allerdings 37. ... ♗:h5 38.♕f6.

38. ♕b2–f6?!	...

Ein zeitnotbedingter Ausfall.

38. ...	♖d8–d6
39. ♕f6–c3	♗f7:h5
40. ♖d1–d2	♗h5–f3+
41. ♔g2–f1	♕c7–f7
42. ♕c3–c5	♖d6–d7
43. ♖d2–h2	♔g8–g7
44. ♖e1–e3	♘c6–e5
45. ♕c5–d4	♕f7–f6

Jetzt ist der letzte weiße Bauer am Königsflügel zum Untergang verurteilt, wonach die vier(!) schwarzen Bauern nicht aufzuhalten sind.

46. ♖h2–d2	♕f6:f5
47. ♔f1–e1	♕f5–f6
48. ♖e3–c3	♗f3–g4

Weiß gab auf.

Partie Nr. 16
Kortschnoi–Gufeld
Leningrad 1967

1. d2–d4	♘g8–f6
2. c2–c4	g7–g6
3. ♘b1–c3	♗f8–g7
4. e2–e4	d7–d6
5. ♘g1–f3	0–0
6. ♗f1–e2	e7–e5
7. 0–0	♘b8–d7

Natürlich entspricht eine derartige Entwicklungsmethode nicht meinem Geschmack. Das feindliche Zentrum muß man mit dem energischen 7. ... ♘c6 bekämpfen, aber an diesem Abend wollte ich mich nicht auf ein forciertes Spiel einlassen. Nach dem Textzug sieht der Plan von Schwarz die Festigung des Punktes e5 und die Vorbereitung des Abtausches e5:d4 vor. Wenn Weiß das Zentrum mittels d4–d5 schließt, steht dem schwarzen Springer das Feld c5 zur Verfügung.

8.♕d1–c2   ...

Populärer ist die Fortsetzung 8.♖e1 (siehe die Partien Nr. 17 und 18).

8. ...	e5:d4
9.♘f3:d4	♖f8–e8
10.♖f1–d1	c7–c6
11.♗c1–g5	...

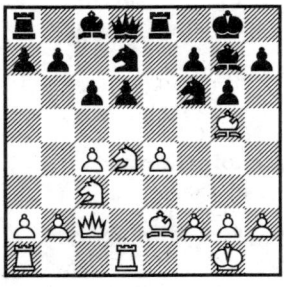

Genauer erschein 11.f3 ♕e7 12.♗g5 h6 13.♗h4 ♘e5 (Dorfman–Ostermeyer, Moskau 1977). Hier konnte Weiß mittels 14.♖d2 (anstelle des in der Partie geschehenen 14.♕d2?! ♘:e4! 15.♘:e4 ♕:h4 16.♘:d6 ♖d8 17.c5 b6) sein Übergewicht festigen.

11. ...	h7–h6
12.♗g5–h4	♕d8–b6
13.♗h4–g3	♘d7–c5

Günstig für Weiß wäre 13. ... ♘:e4 14.♘:e4 ♗:d4 15.♘:d6.

14.♗e2–f3	♘f6:e4
15.♗f3:e4	♘c5:e4
16.♘c3:e4	♗g7:d4
17.♘e4:d6	♖e8–e6
18.♕c2–d2	♗d4–g7
19.♖a1–b1	a7–a5!

Schwarz engt den Gegner in seinen Möglichkeiten am Damenflügel ein und bewahrt das Gleichgewicht.

20.h2–h4	♕b6–c5
21.a2–a3	♗g7–f8
22.b2–b4	a5:b4
23.a3:b4	♕c5–h5
24.♖b1–a1	...

Auch Weiß findet eine taktische Möglichkeit, um das Gleichgewicht aufrechtzuerhalten.

24. ...	♖a8:a1
25.♖d1:a1	♗f8:d6
26.♖a1–a8!	♗d6:g3
27.♖a8:c8+	♔g8–g7
28.f2:g3	♖e6–e2

Remis gegeben.

Warum gefällt mir die Fortsetzung 7. ... ♘bd7 nicht, und weshalb ziehe ich 7. ... ♘c6 vor? In der Mathematik gibt es ein sehr überzeugendes Verfahren – den Gegenbeweis. Als Antwort auf die gestellte Frage führe ich deshalb zwei Partien des Vizefernschachweltmeisters Nesis an, die auch von ihm kommentiert wurden.

Partie Nr. 17
Nesis–Sagorowski
11. Fernschach-Weltmeisterschaft, 1983–84

1.d2–d4   ♘g8–f6
2.c2–c4   g7–g6
3.♘b1–c3   ♗f8–g7
4.e2–e4   d7–d6
5.♗f1–e2   0–0
6.♘g1–f3   e7–e5
7.0–0   ♘b8–d7
8.♖f1–e1   h7–h6
9.♕d1–c2   ♘f6–h7
10.♗c1–e3!   ...

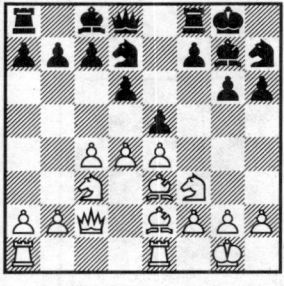

Eine neue Fortsetzung. Großmeister Andersson zog es in
einer Partie gegen Kasparow
(Interzonenturnier, Moskau
1982) vor, frühzeitig im Zentrum zu tauschen – 10.de de
und 11.♗e3 zu spielen. Weiter
folgte 11. ... ♖e8 12.♖ad1
♘hf8 13.c5 ♘e6 mit kompliziertem Kampf. In der Partie
Lukacs–Pytel (Polanica Zdroj
1984) postierte Weiß den Kö-
nigsturm auf das Feld d1, was
offensichtlich aussichtsreicher
ist.
Der Textzug, mit dem Weiß

die Spannungen aufrechterhält,
erscheint genauer.

10. ...   c7–c6
11.♖a1–d1   ♕d8–e7
12.b2–b4   ...

Die Drohungen von Weiß am
Damenflügel nehmen reale
Formen an. Schwarz ent-
schließt sich zum Bauernabtausch im Zentrum, doch dadurch gewinnen die weißen Figuren bedeutend an Aktivität.

12. ...   e5:d4
13.♘f3:d4   ♘d7–f6
14.♗e3–f4   ♖f8–d8
15.b4–b5   ♗c8–d7
16.b5:c6   ...

Mit Hilfe dieses Bauernabtau-
sches gelingt es, die gegnerische Bauernstruktur am Damenflügel beträchtlich zu
schwächen.

16. ...   b7:c6
17.♘d4–b3   ♘f6–e8
18.c4–c5!   d6:c5
19.♘c3–a4   ♘e8–f6
20.♗f4–d6!   ♕e7–e8
21.♘a4:c5   ...

Weiß verwirklichte eine technische Operation, die zum Abtausch seines c-Bauern gegen
den schwarzen d-Bauern
führte. Dadurch haben seine
Leichtfiguren eine bedrohliche
Stellung am Damenflügel eingenommen.

21. ...   ♗d7–c8
22.♗d6–c7   ...

Ein typisches Verfahren. Weiß

forciert den Abtausch eines gleichwertig postierten Turmpaares, doch behält Schwarz den passiven Turm a8, während der verbleibende weiße Turm auf der offenen d-Linie seine Kraft entfaltet.

22. ...   ♖d8:d1
23.♖e1:d1   ♘f6–d7
24.♘c5–a6   ♘h7–g5

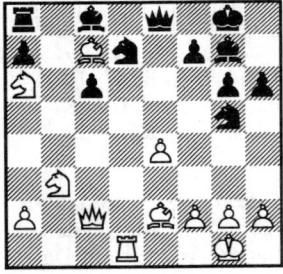

Ein kritischer Augenblick. Die nach dem bevorstehenden Damentausch entstehende Situation mußte genau eingeschätzt werden. Offensichtlich ist der Abtausch unterschiedlich beurteilt worden. Die weiße Dame steht aktiver als ihre Widersacherin, und auch der Bauer e4 ist wertvoller als der schwache Bauer c6. Jedoch beweist eine Analyse des entstehenden Endspiels, daß Weiß so am leichtesten entscheidendes Übergewicht erlangt.

25.♕c2:c6!   ♕e8:e4
26.♕c6:e4   ♘g5:e4
27.♗e2–f3   ...

Darum ging es! Die äußerst

ungünstige Aufstellung der schwarzen Figuren, besonders des Turmes a8, zeigt sich jetzt. Sowohl 27. ... ♗:a6 28.♗:e4 ♖e8 29.♗c6 als auch 27. ... ♘df6 28.♖d8+ ♔h7 29.♘ac5 führt zu großen Materialverlusten.

27. ...   f7–f5
28.♘a6–c5   ♘d7–f6
29.♘b3–d2!   ♔g8–f7!

Der einzige Zug, wonach Schwarz nur einen Bauern verliert.

30.♘d2:e4   f5:e4
31.♘c5:e4   ♗c8–g4

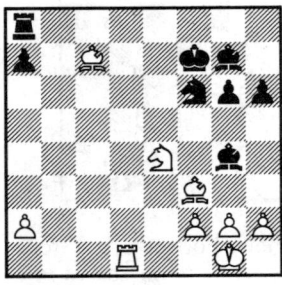

Schwarz, der sich in einer sehr schwierigen Lage befindet, nutzt geschickt ein so wirksames Mittel wie den Abtausch aus. Es ist nicht seine Schuld, daß er in dem vorliegenden Fall die Partie selbst durch den Abtausch des unentwickelten Turmes gegen den aktiven gegnerischen nicht halten kann.

32.♘e4–d6+   ♔f7–f8
33.♗f3:a8   ♗g4:d1
34.♘d6–b5   a7–a6

35.♘b5−d4   ...

Der weiße Vorteil in dem Leichtfigurenendspiel beruht nicht so sehr auf dem Mehrbauern als vielmehr auf der ungünstigen Figurenaufstellung des Nachziehenden.

35. ...   ♔f8−f7

Auf 35. ... ♗g4 ist 36.♗e5! gut, um den Abtausch der schwarzfeldrigen Läufer vorzubereiten.

36.♗a8−b7   ♘f6−d7

Im Falle von 36. ... ♘e8 folgt 37.♗b6, und Schwarz steht vor dem Dilemma, entweder seinen schwarzfeldrigen Läufer gegen den Springer tauschen zu müssen oder noch einen Bauern zu geben.

37.♗b7−d5+   ♔f7−e7

Auf 37. ... ♔f6 ist 38.♗c4 ♘c5 39.♘b3 stark mit Abtausch eines schwarzen Läufers oder Gewinn des a-Bauern. Im Falle von 37. ... ♔e8 könnte 38.♘e6 ♗c3 39.♗c6 ♔e7 40.♘f4 mit schnellem Sieg geschehen.

38.♘d4−c6+   ♔e7−e8
39.♗d5−e4   ♔e8−f7

Auch 39. ... ♘f6 40.♗:g6+ ♔d7 half nicht wegen 41.♘d4! ♔:c7 42.♘e6+.
Der Versuch, den Bauern mit dem Läufer zu verteidigen, scheitert ebenfalls: 39. ... ♗h5 40.♘b4 ♘c5 41.♗c6+ ♔f7

(41. ... ♔e7) 42.♗d5+ ♔e7 43.♗c4 ♘♘e6 44.♗♗b6, und Schwarz verliert den a-Bauern.

40.♗e4−d3   ♘d7−c5
41.♗d3−c4+   ♔f7−e8
42.♘c6−b8   ♗g7−d4
43.♗c7−b6

Die Drohung 44.♘c6 zwingt den Gegner zum Abtausch der schwarzfeldrigen Läufer, was wiederum zum Verlust eines zweiten Bauern führt. Schwarz gab bald auf.

Partie Nr. 18
Nesis−Thiele
11. Fernschach-Weltmeisterschaft, 1983−85

1.d2−d4   ♘g8−f6
2.c2−c4   g7−g6
3.♘b1−c3   ♗f8−g7
4.e2−e4   d7−d6
5.♗f1−e2   0−0
6.♘g1−f3   ♘b8−d7
7.0−0   e7−e5
8.♖f1−e1   e5:d4

Mitte der siebziger Jahre begann diese Fortsetzung, die die unverzügliche Aufgabe des Zentrums vorsieht, erneut Popularität zu erlangen. Nichtsdestoweniger erscheint das gewöhnliche 8. ... c6 elastischer. Exfernschachweltmeister Sagorowski wählte in diesem Turnier gegen mich 8. ... h6, jedoch nach 9.♕c2 ♘h7 10.♗e3! c6 11.♖ad1 ♕e7 12.b4 begann er in Schwierigkeiten zu geraten.

9.♘f3:d4   ♘d7−c5
10.f2−f3   ...

Weiß verteidigt zuverlässig den
Bauern e4 und nimmt zugleich
dem Gegner taktische Möglichkeiten im Zentrum.

10. ...   a7−a5
11.♘d4−b5   ...

Der Sinn dieses Manövers besteht darin, den Vorstoß c7−c6
zu unterbinden (oder zumindest zu erschweren), wodurch
Weiß die Kontrolle über den
wichtigen Punkt d5 behält.

11. ...   ♘f6−e8

Der Versuch, einen der Springer abzutauschen, führt ebenfalls nicht zum Ausgleich:
11. ... ♗d7 12.♘e3 ♗:b5
13.♘:b5 ♕e7 14.♕d2 a4
15.♖ad1 ♖fd8 16.♗f1 (Tai-
manow−Kestler, Hamburg
1965).

12.♗c1−e3   b7−b6

Eine für derartige Stellungen
ungewöhnliche Entscheidung.
Nachdem Schwarz den Gedanken aufgab, c7−c6 durchzusetzen, fianchettiert er den weißfeldrigen Läufer. Eine klassische Aufstellung der Streitkräfte macht Schwarz wenig
Freude, zum Beispiel 12. ...
♗e6 13.♕d2 c6 14.♘d4 ♕e7
15.♖ad1 (Panno−Pilnik, Buenos Aires 1954).

13.♕d1−d2   ♗c8−b7
14.♖a1−d1   f7−f5

Schwarz unternimmt einen
Vorstoß im Zentrum, der sich
gegen den am meisten befestig-
ten Punkt des Gegners richtet.

15.e4:f5   ♖f8:f5

Aufmerksamkeit verdiente
15. ... gf.

16.♘b5−d4   ♖f5−f7
17.♘c3−d5   ...

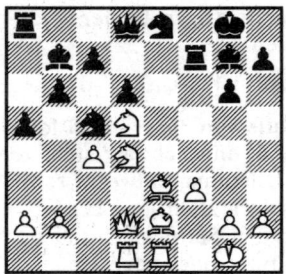

Das erste Ziel ist erreicht. Der
weiße Springer hat den beherrschenden Punkt d5 eingenommen. Natürlich kann Schwarz
einen solchen Springer nicht
lange dulden. Aber es ist für
ihn nicht leicht, sich für das
unverzügliche 17. ... ♗:d5
18.cd zu entscheiden, was die
Punkte c6 und e6 aufgibt. Deshalb war 17. ... c6 zu beachten.

17. ...   ♕d8−d7
18.♘d4−b5   ...

Mit diesem tückischen Manöver riegelt Weiß buchstäblich
den gegnerischen Damenflügel
ab.

18. ...   ♖a8−c8

19. ♗e2–f1   ♗g7–e5

Ein anderer Weg, den Springer e8 in den Kampf zu führen, ist nicht sichtbar.

20. ♗e3–d4   ...

Durch den Abtausch der schwarzfeldrigen Läufer gelingt es Weiß, die Stellung des schwarzen Königs zu schwächen sowie die Besetzung der e-Linie, der einzig offenen, zu gewährleisten.

20. ...   ♗e5:d4+
21. ♕d2:d4   ♗b7:d5
22. c4:d5   ♘e8–g7
23. a2–a3   ...

Verlockend sah auch 23. ♘a7 aus. Aber es ist vor allem notwendig, den Springer c5 einzuengen.

23. ...   ♕d7–f5

Auf 23. ... a4 wäre 24. ♘a7 nebst ♗b5 unangenehm. Auch das vorbereitende 23. ... ♘f5 ändert nichts wegen 24. ♕c3 a4 25. ♘a7 usw.

24. b2–b4   a5:b4
25. a3:b4   ♘c5–d7
26. ♖d1–c1   ...

Hier kann Bilanz gezogen werden. Weiß hat ein stabiles strategisches Übergewicht erlangt, die offene e-Linie besetzt und übt ernsthaften Druck auf den gegnerischen Damenflügel aus. Jetzt droht 27. ♘:d6. Die schwarze Stellung ist jedoch genügend fest, weshalb Weiß

energisch und dynamisch spielen muß, um seinen Vorteil zu realisieren.

26. ...   ♘d7–f6
27. ♖e1–e3   ♘f6–e8
28. ♕d4–d2   ...

Die Dame räumt das zentrale Feld d4, das der Springer als Sprungbrett benötigt.

28. ...   ♕f5–f6

Auf 28. ... ♘f6 wäre 29. ♖ec3 gut. Die Drohung ♘:d6 ist wichtiger als der Bauer d5.

29. ♖c1–e1   ...

Weiß hat erkannt, daß es nicht gelingt, die Befestigungen des gegnerischen Damenflügels einzunehmen. Das Hauptkampfgeschehen wird sich am Königsflügel entwickeln.

29. ...   ♖c8–a8

Vor Schwarz stehen keine leichten Probleme. Er war fast in Zugzwang. Auf 29. ... ♖d7 folgt 30. ♘a7 ♖a8 31. ♗b5, und im Falle von 29. ... ♖f8 ist diese Variante möglich: 30. ♘a7 ♖a8 31. ♘c6 ♕g5 (auf 31. ... ♖a1 wäre stark 32. ♖:a1 ♕:a1 33. ♘d4!) 32. g3! mit der Idee, durch 33. f4 alle gegnerischen Figuren zu binden.

30. ♘b5–d4   ...

Der Springer strebt nach e6, wonach sein Abtausch zur Bildung eines starken Freibauern führt. Außerdem droht 31. ♗b5.

30. ...	♛f6–h4
31.♘d4–e6	♘g7:e6
32.d5:e6	♖f7–e7

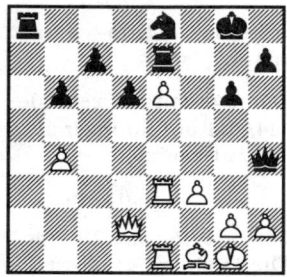

Von diesem Augenblick an war ich von dem Wunsch beherrscht, auf f7 die Dame zu opfern. Zwar sah dieses Opfer vorerst noch wie ein ferner und trügerischer Traum aus, doch das nächste Ziel war der Versuch, die schwarze Dame mit Hilfe eines interessanten, forcierten Manövers auszusperren.

33.♖e3–e4	♛h4–h5
34.g2–g4!	♛h5–h4
35.g4–g5	♛h4–h5
36.♖e4–g4	...

Die Dame ist patt gesetzt, und das drohende Manöver ♖g4–g3–h3 erscheint schwer zu parieren, zum Beispiel 36. ... ♘g7 37.♖g3 ♘:e6 38.♖:e6! ♖:e6 39.♖h3. Auf 36. ... h6 wäre 37.♗d3 sehr stark. Schwarz wartet jedoch mit einer interessanten Möglichkeit auf.

36. ...	♖a8–a3!
37.♛d2–f4	...

Einstweilen verläuft alles nach Plan. Auf 37. ... c5 hatte ich nicht das banale 38.♖g3? ♖a4 39.♖h3 ♖:b4! vorgesehen, sondern den thematischen Schlag 38.♛f7+!! ♖:f7 39.ef+ ♔:f7 40.♖f4+, und Schwarz wird matt. Doch der erfahrene Gegner ist auf der Hut.

37. ...	c7–c6!

Eine glänzende Riposte! Auf das geplante 38.♛f7+ ♖:f7 39.ef+ ♔:f7 40.♖f4+ folgt jetzt 40. ... ♘f6 41.♖:f6+ ♔g8, und 42.♗c4+ scheitert an 42. ... d5. Weiß hat hier nicht mehr als ewiges Schach.

38.♗f1–g2	...

Es fällt nicht leicht, sich für einen solchen Zug zu entscheiden. Der weißfeldrige Läufer übernimmt anstelle einer Karriere auf der Diagonale f1–a6 die bescheidene Rolle eines Verteidigers, aber der Bauer f3 bedarf des Schutzes. Es droht prosaisch 39.♖h4.

38. ...	h7–h6
39.g5:h6	c6–c5!

Erstaunlich, die wichtigste Rolle bei der Verteidigung des Königsflügels spielt der bescheidene c-Bauer! Ausgerechnet mit seiner Hilfe hat Schwarz den ersten Ansturm abgeschlagen und jetzt die Drohung 40. ... ♖a4 aufgestellt. Weiß steht vor der Notwendigkeit, einen neuen Plan zu finden.

40.h2–h4   …

Der h-Bauer dient überraschend als Rammbock.

40. …   ♖a3–a4
41.♖g4–g5   ♛h5:h6

Nach 41. … ♖:b4 gewann das Opfer auf f7 in studienhafter Weise: 42.♛f7+! ♖:f7 43.ef+ ♔:f7 44.♖:h5 gh 45.♖:e8 ♔:e8 46.h7.

42.h4–h5!   ♖a4:b4
43.♛f4–f5   …

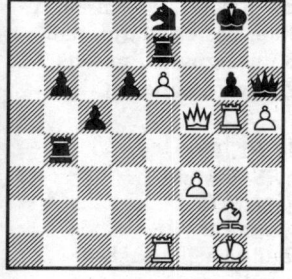

Trotz der offensichtlichen Drohung 44.♖:g6+ war dieser Zug nicht einfach zu finden. Auf ihn gründet sich das neue Angriffsunternehmen.

43. …   ♔g8–h8

Eine unerwartete Entscheidung. Untersucht hatte ich nur die natürliche Fortsetzung 43. … ♖g7 44.hg (auf 44.♖:g6 entgegnet Schwarz 44. … ♛f4) 44. … ♛h4 45.♛f7+ ♔h8 (45. … ♖:f7 46.ef+ ♔h7 47.fe♛) 46.♛e8+ ♖g8 47.g7+ ♔h7 48.♖h5+ oder das kompliziertere 43. … ♛f8

44.♛:g6+ ♖g7 45.e7 ♛f7 46.♛:f7+ ♔:f7 47.♖f5+ ♔g8 48.♖f8+ ♔h7 49.♖:e8 ♖b2 50.♖h8+.

44.h5:g6   ♖b4–h4

Die Drohung 45.♖h5 konnte Schwarz auch mittels 44. … ♔g7 parieren. In diesem Falle bedurfte es eines genauen Spieles von Weiß, zum Beispiel 45.♖h5 ♖f4!? 46.♛d5 ♘f6 (oder 46. … ♖d4 47.♖:h6 ♖:d5 48.♖h7+ ♔f8 49.♖f7+ ♖:f7 50.ef, und Weiß gewinnt) 47.♛:d6 ♘:h5 (schlecht ist auch 47. … ♛:h5 48.♛:e7+ ♔:g6 49.♛f7+ ♔h6 50.♛f8+ ♔h7 51.e7 ♛e8 52.♖e6) 48.♛:e7+ ♔:g6 49.♛e8+ ♔g7 50.e7 usw.

45.♖e1–e4!   ♔h8–g7

Auf 45. … ♖:e4 folgt natürlich 46.♖h5. Der Versuch, den Turm auf der h-Linie zu belassen, gelingt nicht: 45. … ♖h2 46.♛f4 ♔g7 47.♛:h2 ♛:g5 48.♛h7+ ♔f6 49.♛h8+, und Weiß gewinnt.
Der Textzug läßt das seit langem angestrebte Damenopfer zu.

46.♕f5–f7+   ♖e7:f7
47.g6:f7+   ♕h6:g5
48.f7:e8♕   ...

Durch die taktische Operation hat Weiß eine Figur gewonnen. Wichtig war nur zu prüfen, ob Schwarz ewiges Schach bieten kann.

48. ...   ♕g5–c1+

Auf das vorbereitende 48. ... ♖:e4 würde das Zwischenschach 49.♕f7+ dem Gegner alle Illusionen nehmen.

49.♔g1–f2   ♕c1–d2+
50.♖e4–e2   ♕d2–d4+
51.♖e2–e3   ♕d4–d2+
52.♔f2–g3   ...

Die letzte Feinheit, wodurch der weiße König dem ewigen Schach entkommt. Auf 52. ... ♕:e3 geschieht 53.♕f7+ ♔h8 54.♕f6+ ♔g8 55.♔:h4 ♕f2+ 56.♔h3.

52. ...   ♖h4–g4+
53.♔g3:g4   ♕d2:g2+
54.♔g4–f5   ♕g2–h3+
55.♔f5–e4   ...

Man kann sich leicht überzeugen, daß die Schachgebote rasch ausgehen: 55. ... ♕h4+ (oder 55. ... ♕h7+ 56.♔d5 ♕f5+ 57.♔c6) 56.f4 ♕h1+ 57.♔f5 ♕d5+ 58.♔g4 ♕d1+ 59.♖f3 ♕g1+ 60.♖g3. Schwarz gab deshalb auf.

Häufig weicht Weiß dem zweischneidigen und verpflichtenden Taimanow-Aronin-System aus. Dies läßt sich auf zweierlei Weise tun. Weiß kann zum einen mit 7.♗e3 die Spannung aufrechterhalten. Der Nachziehende sollte darauf nicht mit dem treuherzigen 7. ... ♘c6?! seine Pläne aufdecken, da Weiß nach 8.d5 ♘e7 9.♘d2! deutliches Raumübergewicht besitzt. Im weiteren Verlauf kann Weiß dann seine Angriffsoperationen nach dem Plan c4–c5, ♘d2–c4 entfalten und anschließend die c-Linie öffnen.

Die andere Methode, dem Taimanow-Aronin-System auszuweichen, besteht darin, daß Weiß unverzüglich mittels 7.d5 das Zentrum abriegelt.

Partie Nr. 19
Sahović–Gufeld
Jurmala 1978

1.d2–d4   ♘g8–f6
2.c2–c4   g7–g6
3.♘b1–c3   ♗f8–g7
4.e2–e4   d7–d6
5.♘g1–f3   0–0
6.♗f1–e2   e7–e5
7.♗c1–e3   ♘f6–g4

Auf diese Weise verhindert Schwarz die idyllischen Pläne des Gegners.

8.♗e3–g5   f7–f6
9.♗g5–c1   ...

Auf 9.♗h4 ist 9. ... ♘c6 10.d5 ♘e7 11.♘d2 h5 mit beiderseitigen Chancen gut.

9. ...   ♘b8–c6
10.h2–h3   ...

Zu scharfem Spiel führt 10.d5 oder 10.0–0.

10. ...   e5:d4

10. ... ♘h6 11.♗e3 ♘f7 ist ebenfalls spielbar.

11.♘f3:d4   ♘g4–e5

Im Falle von 11. ... ♘:d4 12.hg ♘:e2 13.♛:e2 besitzt Weiß die besseren Chancen. Ungünstig wäre auch 12. ... f5 13.gf gf wegen 14.♗h6! mit Übergewicht für Weiß.

12.♘d4:c6   ...

Die beste Lösung. Auf 12.♗e3 ist 12. ... f5! stark.

12. ...   b7:c6

Nach 12. ... ♘:c6 13.0–0 f5 14.ef ♗:f5 15.♗e3 sind die Chancen für Weiß besser.

13.f2–f4   ♘e5–d7

Dieser Rückzug erweist sich elastischer als 13. ... ♘f7, denn nach dem Textzug bieten sich für den Springer gute Perspektiven auf dem Feld c5.

14.0–0   ♖a8–b8!

Schwarz ergreift bei der sich bietenden ersten Gelegenheit die Initiative am Damenflügel.

15.♛d1–c2   f6–f5

Der schwarzfeldrige Läufer muß aktiviert werden. Im Falle von 15. ... ♘c5 16.♗e3 f5 17.e5 geht das Übergewicht an Weiß über.

16.e4:f5   g6:f5
17.♗c1–e3   c6–c5
18.♖a1–e1   ♛d8–h4?

Nachdem Schwarz gutes Spiel erlangt hatte, begeht er eine Ungenauigkeit. Zu vollem Ausgleich führte das unstandardgemäße 18. ... ♗:c3! 19.♛:c3 ♛f6.
Der weitere Partieverlauf trug konfusen Charakter. Der Kampf endete schließlich friedlich.

Jetzt wollen wir Partien betrachten, in denen Weiß von dem Taimanow-Aronin-System abweicht, indem er vor der Rochade d4–d5 spielt. Damit ist für Schwarz das Haupthindernis, den Damenspringer nach dem Feld c5 zu entwickeln, beseitigt.

Partie Nr. 20
Petkewitsch–Gufeld
UdSSR 1975

1.d2–d4   ♘g8–f6
2.c2–c4   g7–g6
3.♘b1–c3   ♗f8–g7
4.e2–e4   0–0

5.♗f1−e2	d7−d6
6.♘g1−f3	e7−e5
7.d4−d5	...

Sogleich das Zentrum schlie-
ßend, bestimmt Weiß den weiteren Kampfverlauf. Seine Bauernstruktur verhindert ziemlich
sicher einen gegnerischen Angriff am Damenflügel. Jedoch
rechtfertigt eine so frühzeitige
Festlegung des Zentrums das
Bestreben von Schwarz, Gegenspiel auf dem gegenüberliegenden Brettabschnitt zu suchen.
Die Möglichkeit, den Punkt c5
zeitweilig zu besetzen, bietet
sich an, um den weißen Angriff am Damenflügel zu brem-
sen und das mit dem Vorstoß
f7−f5 verbundene übliche Gegenspiel vorzubereiten. Somit
kann der Vorstoß des d-Bauern
in einem so frühen Partiestadium als ein gewisser Erfolg
für Schwarz nicht nur in rein
schachlicher, sondern auch in
psychologischer Hinsicht ange-
sehen werden. Weiß bekun-
dete, daß er nicht gewillt ist
(vielleicht ist es Unsicher-
heit?), sich auf eine Auseinandersetzung mit dem sehr scharfen Taimanow-Aronin-System
einzulassen.

| 7. ... | ♘b8−d7 |

Mit dem Abspiel 7. ... a5 be-
fassen wir uns in der nächsten
Partie.

| 8.0−0 | ... |

Die Fortsetzung 8.♗g5 führt

zum Petrosjan-System, das wir
noch behandeln werden.
Der Textzug spiegelt am folge-
richtigsten die Prinzipien des
klassischen Systems wider.
Weiß beendet die Kräftemobilisierung des Königsflügels und
beabsichtigt später, einen Angriff am Damenflügel zu entfalten. Allerdings ist Schwarz
nicht schutzlos.

8. ...	♘d7−c5
9.♕d1−c2	a7−a5
10.♗c1−g5	...

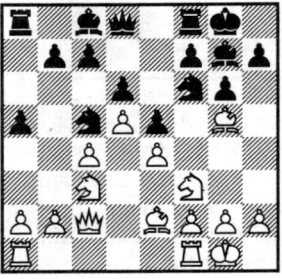

Auf 10.♘d2 ist Gellers Manöver 10. ... ♗h6! gut mit der
Idee, die schwarzfeldrigen Läufer abzutauschen. Im Falle von
10.♘e1 folgt günstig 10. ...
♘fd7! 11.♘d3 f5 12.ef gf
13.♘:c5 (oder 13.f4 ef 14.♗:f4
♘e5!) 13. ... ♘:c5 14.f4 ♗d7
(hier hat es für Schwarz keinen
Sinn, auf f4 zu tauschen, da
sich sein Springer nicht mehr
zum Schlüsselfeld e5 zu begeben braucht) 15.♗e3 b6
16.♖ad1 ♕f6, und Schwarz
besitzt eine prächtige Stellung.

| 10. ... | h7−h6 |

11.♗g5–e3   ♘f6–h5!?

Die Theorie hält 11. ... b6
12.♘d2 ♘g4 für das stärkste,
obwohl 12. ... ♗g4 13.f3 ♗d7
nebst 14. ... ♘h5! ebenfalls
Beachtung verdient.

12.g2–g3   ...

Auf 12.♕d2 sieht am ideen-
reichsten 12. ... ♘f4!? 13.♗:f4
ef 14.♕:f4 f5 aus, und Schwarz
hat für den geopferten Bauern
hervorragendes Spiel.

12. ...   b7–b6

Am genauesten. Das übereilte
12. ... f5? bringt Schwarz nach
13.♘h4 ♘f4 14.♗:f4 ef
15.♘:g6 ♖f7 16.♘:f4 in eine
katastrophale Situation (Doroschkewitsch–Karassew, Riga
1970).

13.♘f3–d2   ♗c8–h3
14.♖f1–e1   ♕d8–d7
15.b2–b3   ...

Weiß kann die gegnerische
Bauernstellung durch 15.♗:h5
gh 16.♗:c5 bc 17.♘f3 f5
schwächen, aber dafür kontrolliert Schwarz die weißen Felder und kann mit Zuversicht
in die Zukunft schauen.

15. ...   ♖a8–e8
16.a2–a3   f7–f5

Sieht wie ein Fehler aus. Denn
wie soll Schwarz nach 17.♗:c5
bc 18.ef fortsetzen? Ihm bietet
sich die wichtige „königsindische" Riposte 18. ... e4!, und
der schwarzfeldrige Läufer ist

bereit, „seine Zähne zu zeigen": 19.fg ♖:f2! 20.♔:f2 ♗d4
matt.
Im Falle von 17.ef ♗:f5
18.♘de4 ♘:e4 19.♘:e4 verfügt
Schwarz über den hübschen
Zug 19. ... ♘f4!

17.f2–f3   f5–f4

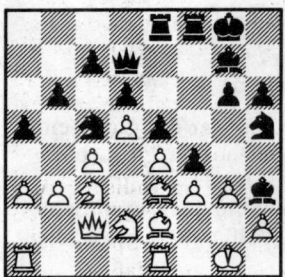

Die Eröffnungsergebnisse lassen auch ohne gründliche Analyse erkennen, daß Schwarz
durch die Kampfesführung auf
beiden Flügeln deutlich mehr
erreicht hat.

18.♗e3–f2   f4:g3
19.h2:g3   ♕d7–e7

Es ist notwendig, ein Feld für
den Läufer frei zu machen,
aber vielleicht war es ange-
brachter, dies mit 19. ...
♕d8!? zu tun.

20.♔g1–h2   ♗h3–c8
21.♘c3–b5   ...

Im Falle von 21.b4 hält
Schwarz den Damenflügel mittels 21. ... ♘d7.

21. ...   g6–g5?!

Zu impulsiv! Beachtung verdiente 21. ... ♕d7!? 22.♗f1 a4! 23.b4 (auf 23.ba ist 23. ... g5 gut) 23. ... ♘b3 24.♘:b3 ♖:f3! mit gefährlichen Drohungen.

| 22.b3–b4 | ♘c5–b7 |
| 23.♔h2–g2 | g5–g4 |

Ein Bauernopfer. Elastischer war 23. ... ♖f7.

| 24.f3:g4 | ♘h5–f6 |
| 25.♕c2–d1 | ♕e7–f7 |

Zu prüfen war das Opfer eines zweiten Bauern: 25. ... h5!? 26.gh ♗h6 27.♗f3 ♕g7. Indes behielte auch in diesem Falle Weiß deutliches Übergewicht.

26.♗f2–g1? ...

Weiß revanchiert sich für die Liebenswürdigkeit des Gegners. Bedeutend stärker war 26.♗e3 ♕g6 27.g5! ♘:e4 28.♗d3 ♘f5 29.g4! mit entscheidendem Übergewicht. Zwar kann Schwarz besser 27. ... hg spielen, doch auch dann wäre nach 28.♘:c7 der Vorteil von Weiß offensichtlich.

Jetzt entlädt sich unerwartet die geballte Kraft der schwarzen Figuren am Königsflügel.

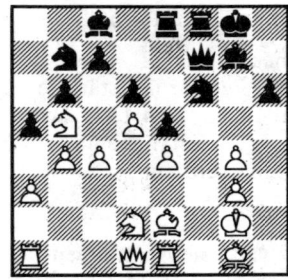

26. ...	h6–h5
27.g4:h5	♕f7–d7
28.g3–g4	...

Es scheint, als ob es Weiß gelungen ist, durch seine Bauern ein Sperrfeuer vor den gegnerischen Figuren zu legen, aber Schwarz durchbricht die Verteidigung.

| 28. ... | ♘f6:h5! |
| 29.♘b5–a7 | ... |

Weiß will den weißfeldrigen Läufer des Gegners abtauschen, um die gefährliche Dame-Läufer-Batterie zu schwächen.

| 29. ... | ♘h5–f4+ |
| 30.♔g2–g3 | ... |

Auch in der Ecke fände der weiße König keine Ruhe: 30.♔h1 ♕e7 31.♘:c8 ♕h4+ 32.♗h2 ♘h3 mit entscheidenden Drohungen.

30. ... ♗g7–f6!

Droht 31. ... ♗h4+!

| 31.♗e2–f1 | ♕d7–h7 |
| 32.♘d2–f3 | ♗c8:g4! |

Weiß gab auf.

Partie Nr. 21
Antoschin–Gufeld
UdSSR 1981

1.d2–d4	♘g8–f6
2.c2–c4	g7–g6
3.♘b1–c3	♗f8–g7
4.e2–e4	d7–d6
5.♘g1–f3	0–0
6.♗f1–e2	e7–e5
7.d4–d5	a7–a5

Dieser Zug erschwert Weiß die Entfaltung von Initiative am Damenflügel. Die Zugfolge wurde von ukrainischen Schachspielern ausgearbeitet, mit dem unvergeßlichen Leonid Stein an der Spitze. Weniger erfolgreich ist der Versuch, den Ausfall des schwarzfeldrigen Läufers mit dem banalen 7. ... h6 zu verhindern, zum Beispiel 8.♘d2 ♘bd7 9.g4 a5 10.♘f1 ♘c5 11.♘g3 c6 12.♗e3 ♗d7 13.f3 a4 14.♕d2, und Weiß verfügt über gute Angriffsaussichten gegen den geschwächten feindlichen Königsflügel (Keene–Westerinen, Westberlin 1971).

8.0–0	...

Die Fortsetzung 8.♗g5 führt gewöhnlich nur zu Zugumstellung.

8. ...	♘b8–a6
9.♗c1–g5	h7–h6
10.♗g5–h4	♕d8–e8

Schwarz muß sich aus der Fesselung befreien. Das geradlinige 10. ... g5 11.♗g3 ♘h5 ist

dafür kaum geeignet: 12.♘d2 ♘f4 13.♗g4 ♘c5 14.f3 c6 15.♕c2 cd 16.cd b5 17.a4 (schlecht wäre 17.♘:b5 wegen 17. ... ♕b6) 17. ... ba 18.♘c4 mit spürbarem weißem Druck am Königsflügel.
Außer dem Textzug war auch 10. ... ♕d7 möglich.

11.♘f3–d2	...

Wie im Taimanow-Aronin-System gibt es für den Springer auch hier die andere Marschroute 11.♘e1, zum Beispiel 11. ... g5 12.♗g3 ♘e4! 13.♘:e4 f5 14.♗g3 ♕h5 ♕e7 15.f3 fe 16.fe ♖:f1+ 17.♔:f1 ♘c5 18.♕e2 g4! (in diesem zeitweiligen Bauernopfer verbirgt sich die Pointe der Kombination von Schwarz) 19.♗:g4 ♗:g4 20.♕:g4 ♕g5, und Weiß kann seinen Mehrbauern nicht halten (Polugajewski–Bukić, Skopje 1971).

11. ...	♘f6–h7

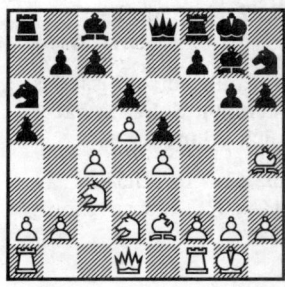

Ein typisches Verfahren für derartige Stellungen. Der schwarze Springer macht dem f-Bauern den Weg frei.

12.a2–a3 ...

Die Hauptfortsetzung stellt
12.b3 dar, aber in der Regel
läuft das nur auf Zugumstellung hinaus.

12. ... ♗c8–d7

Es droht der Blockadezug
13. ... a4, gegen den Weiß mittels 13.b3 vorgehen sollte. Jedoch zieht er einen anderen
Weg vor.

13.♘c3–b5 h6–h5

Stellt die Drohung 14. ... g5
15.♗g3 h4 auf.

14.f2–f3 ♗g7–h6
15.b2–b3 ...

Offenbar befürchtete Weiß
15.♗f2 ♗:d2 16.♕:d2 a4.
Nach dem Abtausch der
schwarzfeldrigen Läufer hat
Schwarz ebenfalls keine
Schwierigkeiten.

15. ... ♗h6–e3+
16.♗h4–f2 ♗e3:f2+
17.♖f1:f2 ♕e8–e7
18.♖a1–b1 ♘h7–f6

Die Eröffnungsergebnisse lassen erkennen: Schwarz hat
Ausgleich erlangt.

19.♘d2–f1 h5–h4
20.♕d1–d2?! ...

Zeitverlust. Genauer war unverzüglich 20.b4, um den
Springer nicht nach c5 zu lassen.

20. ... ♗d7:b5
21.c4:b5 ♘a6–c5
22.b3–b4?! ...

Eine schablonen- und fehlerhafte Entscheidung.
Auf 22.♕e3 ist 22. ... a4 23.b4
♘b3 nebst ♘d4 gut.

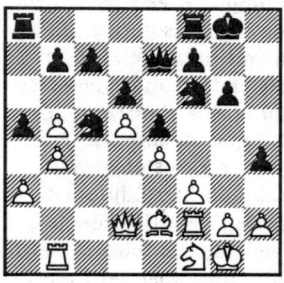

22. ... a5:b4
23.a3:b4 ♘c5:e4!

Ein Schlag gegen die weiße Festung.

24.f3:e4 ♘f6:e4
25.♕d2–e3 ♘e4:f2
26.♕e3:f2 ♖a8–a2

Weiß ist in eine schwierige
Stellung geraten. Schwarz ist
klar im Vorteil.

100

DRITTES KAPITEL

Systeme mit der Fianchettierung des weißfeldrigen Läufers

Die Systeme mit der Läuferentwicklung nach g2, die durchweg zu den unangenehmsten für Schwarz zählen, ergeben sich nicht ohne dessen Einwilligung. Schwarz kann, sofern er nicht zu den eingefleischten Anhängern der Königsindischen Verteidigung gehört, ihnen ausweichen, ohne daß ihm dadurch ein Nachteil entsteht.

Nach der frühen Läuferentwicklung 1.d4 ♘f6 2.c4 g6 3.g3 ist ohne weiteres 3. ... c6 4.♗g2 d5 spielbar. Auf diese Weise wird der Aktionsradius des gefährlichen weißfeldrigen Läufers eingeschränkt, und es kommt zu einer symmetrischen, für den Nachziehenden genügend sicheren Stellung.

Im Falle von 1.d4 ♘f6 2.c4 g6 3.♘c3 ♗g7 4.g3 kann Schwarz mittels 4. ... d5 in die Grünfeld-Indische-Verteidigung einlenken, wobei das Hauptsystem dieser Eröffnung, das für ihn am gefährlichsten ist, vermieden wird. Als Beispiel für ein solches Abweichen von den Königsindischen Bahnen wollen wir eine Partie aus dem Länderkampf UdSSR–Jugoslawien untersuchen.

Partie Nr. 22
Bukić–Gufeld
Teslić 1979

1.d2–d4	♘g8–f6
2.c2–c4	g7–g6
3.♘g1–f3	♗f8–g7
4.g2–g3	0–0
5.♗f1–g2	c7–c6
6.0–0	d7–d5
7.♘b1–d2	...

Ein anderer Hauptplan in diesem Aufbau ist der Abtausch im Zentrum 7.cd cd 8.♘e5, zum Beispiel 8. ... ♗f5 9.♘c3 ♘e4 10.♗f4 (Petrosjan–Kortschnoi, Odessa 1974). Anstelle von 8.♘e5 begegnet man auch oft 8.♘c3 ♘c6 9.♘e5 ♗f5 10.♘:c6 bc 11.♘a4 ♘d7 12.b3 c5 13.♗b2 cd 14.♗:d4 e6 15.♖c1, und die Chancen von Weiß sind vorzuziehen.

7. ...	♘f6–e4

Bis zu dieser Partie war 7. ... ♗f5 8.b3 ♘e4 9.♗b2 ♘d7 10.♘h4 ♘:d2 11.♕:d2 ♗e6 12.e4 de 13.♗:e4 ♗h3 14.♖fe1 ♖e8 15.♗h1 ♕c7 (Bukić–Pietzsch, Sarajevo 1967) populärer. Schwarz hat keine Schwierigkeiten.

8.♕d1–b3   ...

Auch hier war 8.cd cd 9.♘e5
möglich.

8. ...   a7–a5!

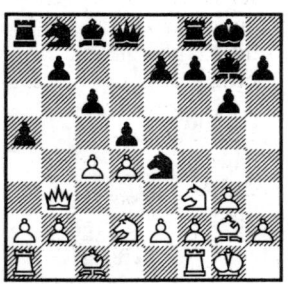

Eine wichtige Neuerung. Nach
dem üblichen 8. ... ♕b6 9.e3
♘d7 10.cd ♕:b3 11.ab cd
12.♘:e4! de 13.♘g5 besitzt
Weiß die besseren Perspektiven
(Stein–Krogius, 31. Meisterschaft der UdSSR, 1963).

  9.c4:d5   c6:d5
10.♘f3–e5   a5–a4
11.♕b3–a3   ♘e5–d6!

Wie es sich zeigen wird, ist die
weiße Dame ungünstig postiert
und gerät bald unter den Beschuß der gegnerischen Figuren.

12.e2–e3   ...

Auf 12.♘df3 ist 12. ... ♗f5
gut, wonach die Chancen von
Schwarz den Vorzug verdie-
nen.
Im Falle von 12.♗:d5 ♘b5
13.♕c5 ergibt 13. ... ♘:d4!
14.♕:d4 e6 Übergewicht für
Schwarz.

12. ...   ♘b8–c6
13.f2–f4?!   ...

Günstiger war der Abtausch
13.♘:c6 bc.

13. ...   ♕d8–b6!

Mit Hilfe des Manövers
a7–a5–a4 ist es gelungen, die
weiße Dame einzuengen. Ihre
schwarze Kollegin herrscht klar
am Damenflügel. Jetzt kann
diese den kühnen Ausfall des
Springers auf der Marschroute
♘c6–b4–c2 unterstützen. Das
vor Augen, entschließt sich der
Anziehende, unverzüglich den
Springer abzutauschen, aber
dadurch wird die b-Linie geöffnet, die bald ein schwarzer
Turm besetzt.

14.♘e5:c6   b7:c6
15.♖f1–f2   ♗c8–f5

Der Plan von Schwarz ist klar.
Nach 16. ... ♖fc8 droht der
entscheidende Schlag gegen
das weiße Zentrum c6–c5! Das
bewirkt eine Öffnung des
Spiels, wonach der schwarzfeldrige Läufer seine Qualitä-
ten demonstrieren kann.

16.♕a3–c3   ♖f8–c8
17.b2–b4   ♘d6–b5

Im Falle von 17. ... ab
18.♘:b3 kontrolliert der Springer das Feld c5.

18.♕c3–c5   ♕b6:c5
19.b4:c5   ...

Scheinbar ist es Weiß mit
Hilfe des Damentausches ge-

102

lungen, das Zentrum abzuriegeln, doch ihn erwartet eine unangenehme Überraschung.

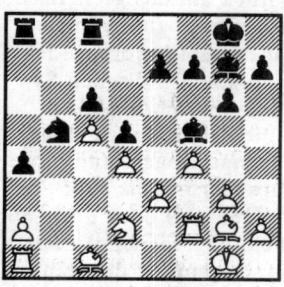

| 19. ... | ♞b5:d4 |
| 20.e3:d4 | ♝g7:d4 |

Eine effektvolle Situation! Das Läuferpaar hat die Türme in seiner Gewalt.

| 21.♖a1–b1 | ♝f5:b1 |
| 22.♞d2:b1 | ♖c8–b8 |

Jetzt wird die b-Linie in Besitz genommen.

| 23.♞b1–a3 | ... |

Im Falle von 23.♞d2 entscheidet 23. ... a3! 24.♔f1 ♝:f2 25.♔:f2 ♖b2! 26.♝:b2 ab.

23. ...	♖a8–a5
24.♔g1–f1	♝d4:f2
25.♔f1:f2	♖a5:c5

Die zwei schwarzen Türme erweisen sich viel stärker als die drei gegnerischen Leichtfiguren.

26.♝c1–d2	♖b8–b2
27.♔f2–e3	♖b2:a2
28.♞a3–b1	a4–a3

Weiß gab auf.

Wie dargelegt wurde, hat Schwarz die Möglichkeit, wenn der Anziehende den weißfeldrigen Läufer fianchettiert, zu den recht zuverlässigen Stellungen der Grünfeld-Indischen Verteidigung überzugehen. Kasparow und Karpow haben in ihren Wettkämpfen diese Stellungen sowohl mit Weiß als auch mit Schwarz gespielt. Wenn Schwarz jedoch seine prinzipielle Anhänglichkeit gegenüber der Königsindischen Verteidigung bekunden will, muß er gut gewappnet dem Fianchetto des gegnerischen Königsläufers begegnen. Laut Theorie gelten neben dem Sämisch-System die Systeme mit der Entwicklung des Läufers nach g2 als äußerst schwierig und unangenehm für Schwarz. Sie weisen zudem viele Pläne auf.

Ich kann mich dennoch einer so pessimistischen Einschätzung nicht anschließen, ist doch diese Kampfmethode gegen die Königsindische Verteidigung immerhin seit über hundert Jahren bekannt. Es sei nur an die Stammpartie Schwarz–Paulsen erinnert, die im Internationalen Turnier zu Wiesbaden im Jahre 1880(!) gespielt wurde:

1.d4 ♞f6 2.c4 g6 3.♞c3 ♝g7 4.g3 d6 5.♝g2 0–0 6.♞f3 ♞bd7 7.0–0 e5.

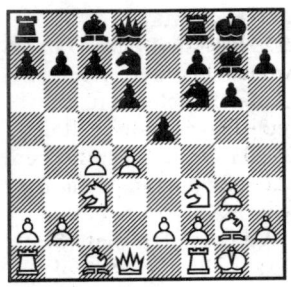

Diese Stellung taucht auch auf den Demonstrationsbrettern moderner Turniere auf.

Warum versucht Weiß seit so vielen Jahren gerade auf diese Weise die Königsindische Verteidigung zu bekämpfen? Mit Hilfe der Flankenentwicklung des Läufers verstärkt der Anziehende den Druck auf die Zentrumsfelder e4 und d5, visiert den schwarzen Damenflügel an und festigt zuverlässig seine Königsstellung. Im Unterschied zum Sämisch-System kann Weiß vorteilhaft die Spannungen im Zentrum aufrechterhalten. Er hat auch keine Schwierigkeiten mit der Entwicklung seines Königsflügels, die sich hier weniger gekünstelt vollzieht. Anstelle eines Bauernangriffs am Königsflügel entfacht Weiß einen Kampf im Zentrum und am Damenflügel oder sogar gleichzeitig auf beiden Brettseiten. Der Angriff auf den König wird eher zur Ausnahme als zur Regel.

Das sind die grundlegenden strategischen Pläne von Weiß,

aber auch Schwarz besitzt seine Trümpfe. Er hat die Möglichkeit, unverzüglich Figurendruck auf das gegnerische Bauernzentrum zu organisieren. Überhaupt bevorzuge ich bei allen königsindischen Systemen, wenn ich die Wahl habe, die aktive Entwicklung des Damenspringers und führe ihn entweder mittels ♘b8–c6 (nebst ♘c6–d4) oder ♘b8–a6 (das Feld c5 anpeilend) in den Kampf. Gegenüber der standardmäßigen, aber passiven Springerentwicklung ♘b8–d7 verhalte ich mich ablehnend. Ich bin der Ansicht, daß nur sofortige Aktionen im Zentrum Schwarz zu vollwertigem Spiel verhelfen können. Nicht ohne Grund führt die nach 1.d4 ♘f6 2.c4 g6 3.♘c3 ♗g7 4.g3 0–0 5.♗g2 d6 6.♘f3 ♘c6(!) (das Ausrufezeichen stammt von mir) entstehende Stellung zur modernen Variante. Sie ist modern im unmittelbaren und übertragenen Sinn, weil sie die modernen Tendenzen der Eröffnungsbehandlung widerspiegelt.

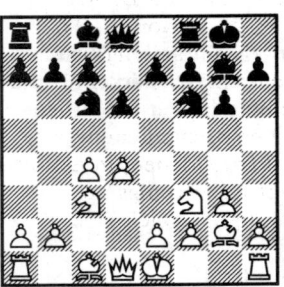

Die Idee dieser Zugfolge liegt darin, daß hier das natürliche 7.d5 ♘a5 8.♘d2 praktisch erzwungen ist.
8. ... c5 9.0–0 e5!?

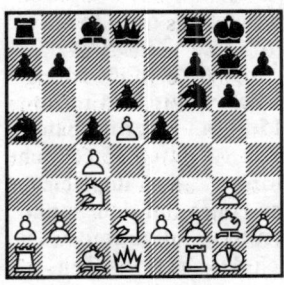

In derartigen Stellungen ist Schwarz bereit, an jedem Flügel ein Gegenspiel zu beginnen. Wenn Weiß 10.a3 b6 11.b4 ♗b7 (eine Empfehlung Fischers) spielt, ist es für ihn schwierig, zur Entfaltung von Initiative rasch eine Linie am Damenflügel vorteilhaft zu öffnen.

Doch kehren wir zur Stellung nach 6. ... ♘c6 zurück. Danach sieht der Zug 7.0–0!? am elastischsten aus, so daß nach 7. ... a6 (Schwarz bereitet sich auf ein Spiel am Damenflügel vor) nicht die von Fischer empfohlene Stellung (mit Springer auf b7) zustande kommt.

Zur Veranschaulichung mag eine Partie dienen, in der ich gegen(!) die Königsindische Verteidigung spiele.

Partie Nr. 23
Gufeld–Raschkowski
Kirowobad 1973

1. ♘g1–f3	♘g8–f6
2. g2–g3	g7–g6
3. ♗f1–g2	♗f8–g7
4. 0–0	0–0
5. c2–c4	d7–d6
6. ♘b1–c3	♘b8–c6
7. d2–d4	a7–a6
8. d4–d5(!)	♘c6–a5
9. ♘f3–d2	c7–c5

Durch Zugumstellung ist eine Position aus der jugoslawischen Variante entstanden, für die der frühe Vorstoß c7–c5 charakteristisch ist.

10. ♕d1–c2   ...

Um den schwarzfeldrigen Läufer zu entwickeln, macht es sich erforderlich, den Springer c3 vorsorglich zu verteidigen. Hingewiesen sei auf die Eröffnungsfalle für Anfänger 10.b3?? ♘:d5.

10. ...   ♖a8–b8

Zweifelhaft ist das Bauernopfer im Geiste des Wolga-Gambits 10. ... b5?! 11.cb ab 12.♘:b5 ♗a6 13.♘c3 ♕c7 14.b3 ♖ab8 15.♖b1 (Awerbach–Gligorić, Belgrad 1956). Möglich wäre aber 10. ... ♗d7 11.b3 b5 12.♗b2 bc 13.bc ♖b8 14.♖b1 ♕c7 mit unklarer Stellung.

| 11. b2–b3 | b7–b5 |
| 12. ♗c1–b2 | e7–e6 |

Außer diesem Zug kommt

auch 12. ... bc 13.bc ♗h6
14.f4 e5 sowie 12. ... e5
13.♘d1! ♗h5 14.e3 f5 15.f4
vor, aber in beiden Fällen ist
die weiße Stellung vorzuziehen.

13.♖a1–b1   ...

Nach 13.de fe 14.cb ab
15.♘de4 (auf 15.♖ad1 ist
15. ... d5! gut) 15. ... ♘:e4
(auch 15. ... ♗b7 wäre möglich) 16.♘:e4 ♗:b2 17.♕:b2
♗b7 18.b4 (18.♖ad1 ♗:e4
19.♗:e4 d5!) 18. ... ♘c4
19.♕c3 ♗:e4 20.♗:e4 d5
21.♗g2 cb 22.♕:b4 ♕d6 sind
die beiderseitigen Chancen annähernd gleich (Taimanow–
Furman, Moskau 1957).
Der Textzug ist aussichtsreicher. Weiß stützt den Vorposten d5 und befreit die Dame
von der Aufgabe, den Läufer
b2 zu schützen. Währenddessen bleibt der Randspringer
auf a5 vom Spiel ausgeschlossen.

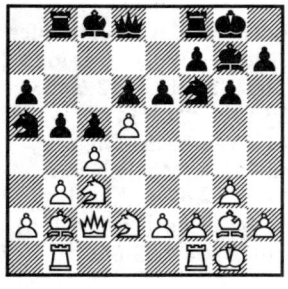

13. ...   e6:d5

Als genauer gilt 13. ... ♖e8

(schwächer ist 13. ... bc 14.bc
ed 15.♘:d5!, zum Beispiel
15. ... ♘:d5 16.♗:d5! ♗b7
17.♗:g7 ♔:g7 18.♕c3+ f6
19.♘e4 ♗:d5 20.cd, und
Schwarz spielt praktisch ohne
den Springer a5, oder 15. ...
♖:b2 16.♖:b2 ♗f5 17.e4)
14.e4! ♗d7 (jetzt stößt 14. ...
e5 auf die energische Entgegnung 15.f4 mit Angriffschancen; nach 14. ... ed 15.cd steht
der Springer auf a5 deplaciert,
weil der Druck auf den Punkt
e4 bedeutungslos geworden ist
und sich das Spiel ins Zentrum verlagert) 15.♖fe1 ♗h6
16.de (nach Abschluß der Entwicklung ist dieser Abtausch
gerechtfertigt, weil der Punkt
d5 in der Hand von Weiß
bleibt) 16. ... ♗:e6 17.♘d5
♗g7 18.♘e3, und die weiße
Stellung ist etwas besser.

14.♘c3:d5   ♘f6:d5
15.c4:d5   ...

Weiß beherrscht viel Raum,
und das bestimmt sein Übergewicht.

15. ...   ♖b8–b7
16.♗b2:g7   ♔g8:g7
17.e2–e4   ♖f8–e8
18.f2–f4   ♖b7–e7
19.♖b1–e1   ...

Das Ergebnis des Eröffnungsstadiums ist: Weiß besitzt die
freiere Stellung und Angriffschancen.

19. ...   f7–f6

Auf 19. ... ♕b6 ist 20.b4 c4+

21.♔h1 gut, wonach der Anziehende klaren Vorteil hat.

20.h2–h3　　　　♘a5–b7
21.♘d2–f3　　　♛d8–c7
22.g3–g4　　　　...

Der weiße Angriff am Königsflügel entwickelt sich jetzt wie am Schnürchen.

22. ...　　　　♘b7–d8
23.g4–g5　　　　f6:g5
24.♘f3:g5　　　h7–h6

Der Versuch, den gefährlichen Springer abzutauschen, ist nicht ratsam: 24. ... ♘f7
25.♛c3+ ♔g8 26.♘:f7 ♖:f7
27.e5, und es ist für Schwarz schwierig, die Stellung zu halten.

25.♘g5–f3　　　♘d8–f7
26.♛c2–c3+　　♔g7–h7
27.♛c3–f6!　　　...

Die Dame begibt sich ins feindliche Lager. Es droht 28.e5.

27. ...　　　　c5–c4!?
28.b3:c4　　　　b5:c4
29.♛f6–d4!　　　...

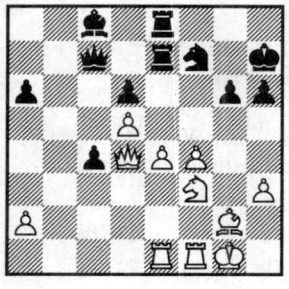

Zuweilen ist es auch nützlich zurückzugehen, aber ins Zentrum! Ein Fehler wäre 29.e5? wegen 29. ... de 30.fe ♘:e5
31.♖:e5 ♖:e5 32.d6 ♛c5+
33.♔h2 ♖f5, und unerwartet gewinnt Schwarz. So teuer kann ein falscher Zug in den königsindischen Gefechten zu stehen kommen!

29. ...　　　　c4–c3
30.♖e1–e3　　　c3–c2
31.♖e3–c3　　　♛c7–b8
32.♘f3–e1　　　...

Am genauesten. Jetzt geht der schwarze Bauer kläglich zugrunde.

32. ...　　　　♛b8–b2
33.♘e1:c2　　　...

Noch stärker war 33.♘d3!
♛:a2 34.♖c1.

33. ...　　　　♛b2:a2
34.♘c2–b4　　　...

Interessant erschien auch
34.♛b6!? ♛b2 35.♖ff3.

34. ...　　　　♛a2–b2
35.♘b4–c6?　　　...

Eine ernsthafte Ungenauigkeit, die taktisch widerlegt wird.

35. ...　　　　♖e7:e4!
36.♗g2:e4　　　♖e8:e4
37.♛d4:e4　　　...

Unzureichend ist 37.♛f6 wegen 37. ... ♘h8!

37. ...　　　　♛b2:c3
38.♛e4–f3　　　♛c3–f6
39.♔g1–h2　　　h6–h5

40.♕f3−e3   ♝c8−d7

Aufmerksamkeit verdiente
40. ... h4!?, wonach die Verwertung des geringen Materialübergewichts für Weiß sehr
schwierig wäre. Das schablo-
nenhafte 35.♘c6 hat sich nun
doch gelohnt!

41.♘c6−d4!   ♘f7−h6
42.♖f1−a1!   ...

Unter dem Schutz des Springers ist es dem Turm gelungen,
sich auf das Feld a1 zu begeben und den Bauern a6 anzugreifen. Hierbei ist der Bauer
nicht so wichtig wie die Möglichkeit, über den Damenflügel
ins gegnerische Lager einzudringen.

42. ...   ♘h6−f5
43.♘d4:f5   ♕f6:f5

Schlecht ist natürlich 43. ...
♕:a1 44.♕e7+.

44.♖a1:a6   ♕f5:d5
45.♖a6−a7   ♕d5−f7
46.h3−h4!   ...

Schwarz befindet sich praktisch im Zugzwang. Deshalb ist
es zweckmäßig, seine Bauern
festzulegen.

46. ...   ♕f7−g7
47.♖a7−b7   ♔h7−h8
48.♔h2−g3   ...

Schwächer wäre 48.♕a7 wegen
48. ... ♕e7!

48. ...   ♕g7−f7

Etwas zäher war 48. ... ♔g8.

49.♕e3−d4+   ♔h8−g8
50.♕d4:d6   ♕f7−e6
51.♕d6:e6+   ♝d7:e6

Die Partie ist in das technische
Stadium übergegangen. Die
Mehrqualität und die große
Aktivität des weißen Königs
prägen das weitere Geschehen.

52.♔g3−f2   ♝e6−f7
53.♔f2−e3   ♔g8−g7
54.♖b7−b6   ♝f7−d5
55.♔e3−d4   ...

Der weiße König dringt auf
den schwarzen Feldern bis g5
vor, wonach jeder Widerstand
sinnlos ist.

55. ...   ♝d5−a2
56.♔d4−e5   ♝a2−c4
57.♖b6−b7+   ♔g7−h6
58.♔e5−f6   ♝c4−d5
59.♖b7−b8   ♔h6−h7
60.♔f6−g5   ...

Schwarz gab auf.

Wenn Weiß in diesem System
auf die prinzipielle Fortsetzung
8.d4−d5 verzichtet, erlangt
Schwarz in der Regel kein
schlechtes Spiel.

Partie Nr. 24
Kusmin−Gufeld
UdSSR 1980

1.d2−d4   ♘g8−f6
2.c2−c4   g7−g6
3.g2−g3   ♝f8−g7
4.♝f1−g2   0−0
5.♘b1−c3   d7−d6
6.♘g1−f3   ♘b8−c6

7.h2–h3   ...

Mit diesem Zug beugt Weiß
dem Ausfall des schwarzen
Läufers nach g4 vor, was dem
Gegner die Möglichkeit
nimmt, den Druck auf den
Punkt d4 zu verstärken. Häufiger trifft man diese prophylaktische Fortsetzung nach dem
vorbereitenden 7.0–0 a6 an.
Im vorliegenden Falle handelt
es sich um eine einfache Zugumstellung.

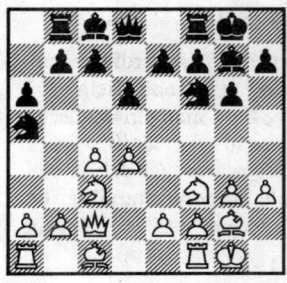

Eine neue Idee. Der schwarze
Springer begibt sich freiwillig
an den Brettrand und greift
den Bauern c4 an.

| 7. ... | a7–a6 |
| 8.0–0 | ♖a8–b8 |

Ein Tempoverlust wäre 8. ...
♗d7, weil nach 9.e4 der Zug
9. ... b5 wegen 10.cb ab 11.e5
unmöglich ist.

9.♕d1–c2   ...

Die Hauptfortsetzungen sind
9.♗e3 und 9.e4 (betreffs des
letzteren Zuges siehe die Partie
Nr. 25).
Auf 9.♗e3 folgte in der Partie
Lebredo–Gufeld (Tbilissi
1974) 9. ... b5 10.♘d2 ♗b7!
(damals war dies eine theoretische Neuerung; davor geschah
10. ... ♗d7 oder 10. ... ♘a5
11.cb ab 12.b4! ♘c4 13.♘:c4
bc 14.b5 ♗b7 15.♕a4, Gut-
man–Lanka, Riga 1974) 11.cb
ab, und im Falle von 12.♘:b5
♘b4! 13.♘c3 ♗:g2 14.♔:g2
♘bd5 erhält Schwarz ein
prächtiges Spiel (Kogan–Rasuwajew, UdSSR 1974).

9. ...   ♘c6–a5!?

Im Falle des langsamen 9. ...
♗d7 10.e4 oder des scharfen
9. ... b5?! 10.cb ab 11.♘:b5
♘b4 12.♕c4 ist die weiße
Stellung vorzuziehen.

10.♘c3–d5   ...

Auf 10.b3 ist ebenfalls 10. ...
b5 gut.

10. ...	b7–b5
11.♘d5:f6+	♗g7:f6
12.c4:b5	a6:b5

Völlig annehmbar wäre auch
12. ... ♖:b5.

| 13.♗c1–h6 | ♖f8–e8 |
| 14.♖a1–c1 | c7–c6 |

Die Bauernstruktur von
Schwarz ist vollauf lebensfähig
und hat nichts an Dynamik
eingebüßt. Wenn es gelingt,
die Figuren nach dem Schema
♕b7, ♗d7, ♖ec8 aufzustellen,
rechtfertigt der Schlag c6–c5
völlig die Flankentaktik des
Nachziehenden. Weiß besitzt
jedoch ein Gegenmittel.

109

15.♘f3–d2!　　　　b5–b4

Nur so läßt sich die Position des Springers sichern, da 15. ... ♗:d4 an 16.b4 scheitert.

16.e2–e3　　　　♗c8–a6

Ein schablonenhafter Zug. Beachtung verdiente 16. ... ♛b6.

17.♖f1–d1　　　　...

Genauer ist 17.♖fe1.

17. ...　　　　♛d8–b6

Endlich wendet sich Schwarz dem beabsichtigten Plan zu: ♖ec8 nebst c6–c5. Aber Weiß ist auf der Hut.

18.h3–h4　　　　♗a6–e2!

Auf 18. ... ♖ec8 erlangt Weiß durch 19.♘h3! ♖c7 20.h5 Initiative.

19.♖d1–e1　　　　♗e2–g4

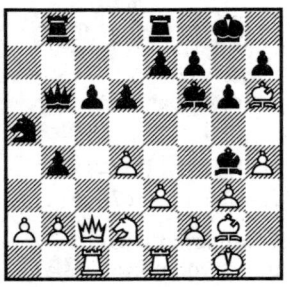

Der Läufer hat eine starke Position eingenommen. Das Eröffnungsstadium ist klar zugunsten von Schwarz verlaufen.

20.♛c2–a4　　　　...

Im Falle von 20.♘c4 ♘:c4 21.♛:c4 ♗d7 22.h5 d5! 23.♛c2 e5 würde das Übergewicht von Schwarz bereits fühlbar werden.

20. ...　　　　♖e8–c8

Mit der Idee 21. ... ♗e6 nebst 22. ... c5.

21.a2–a3!　　　　♗g4–e6
22.a3:b4　　　　...

Ein Fehler wäre das voreilige 22.♖a1? wegen 22. ... b3!, und die weiße Dame wäre nach 23. ... c5 vom Hauptkampfplatz abgeschnitten.

22. ...　　　　♛b6:b4
23.♛a4:b4　　　　♖b8:b4
24.♖c1–a1　　　　♘a5–b3

Auf 24. ... ♖:b2?! ist 25.♘e4 stark.

25.♘d2:b3　　　　♖b4:b3

Nach 25. ... ♗:b3? kann Weiß mittels 26.♗:c6 die Schwäche der achten Reihe ausnutzen.

26.♖a1–a7　　　　♖b3:b2?

Sogar im Endspiel durfte Schwarz nicht von dem geplanten 26. ... c5!? abweichen, zum Beispiel 27.dc dc oder 27.d5 ♗f5 28.e4 ♗g4. Auf 27.♖c1! ist 27. ... ♖b4! gut.

27.♖e1–c1　　　　d6–d5

Jetzt muß Schwarz schon genau spielen. So würde Weiß nach 27. ... c5? mittels 28.d5 ♗f5 29.e4 ♗g4 30.f3 c4 31.♔h1 ♗d4 32.♖:e7 Überge-

110

wicht erreichen. Doch nach dem Textzug ist die Stellung gleich. Deshalb einigten sich die Gegner auf Remis.

Partie Nr. 25
Geller–Gufeld
Moskau 1981

1.♘g1–f3	♘g8–f6
2.c2–c4	g7–g6
3.♘b1–c3	~ ♗f8–g7
4.g2–g3	0–0
5.♗f1–g2	d7–d6
6.d2–d4	♘b8–c6
7.0–0	a7–a6
8.h2–h3	♖a8–b8
9.e2–e4	...

Dieser Zug bezweckt nicht nur die Besetzung des Zentrums, sondern auch den Vorstoß e4–e5. Der Versuch, dies mittels 9. ... ♘d7 zu verhindern, führt nach 10.♗e3 zum Übergewicht von Weiß, zum Beispiel 10. ... ♘a5 11.b3 c5 12.♖c1 b5 13.cb ab 14.dc dc 15.e5! c4 16.♗f4 ♖b6 17.♘d5 (Krogius–Doroginewitsch, Tbilissi 1966/67) oder 10. ... b5 11.cb ab 12.♕c1 e5 13.♖d1 ed 14.♘:d4 ♘:d4 15.♗:d4 ♗:d4 16.♖:d4 b4 17.♘d5 c5 18.♖d1 (Hübner–Naranja, Palma de Mallorca 1970).

9. ...	b7–b5
10.e4–e5	♘f6–d7!?

Ein ungefähr gleiches Endspiel ergibt 10. ... de 11.de ♕:d1 12.♖:d1 ♘d7 13.e6 fe 14.cb ab 15.♘g5 ♘d4.

11.e5–e6 ...

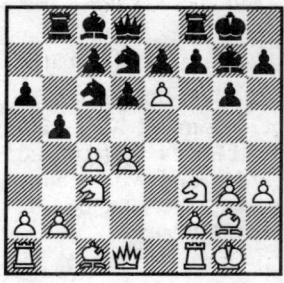

Der Anziehende ist ein bekannter Spezialist der Königsindischen Verteidigung und ebenso wie ich ihr Anhänger. So kämpft er in dieser Partie nicht nur gegen mich, sondern auch gegen sich selbst. Der originelle Textzug stellt eine neue Idee Gellers dar.

Nach 11.cb ab 12.ed cd müßte Weiß bereits um den Ausgleich kämpfen. In meiner Begegnung mit dem unvergeßlichen Leonid Stein (Moskau 1969) folgte weiter 13.♗g5 h6 14.♗e3 b4 15.♘d5 ♗b7 16.♖c1 e6 17.♘f4 ♘e7, und Schwarz hat ein prächtiges Spiel.

In der Praxis war nach 11.cb ab auch wiederholt 12.♘g5 anzutreffen mit den Drohungen 13.♗:c6 und 13.e6. Darauf verfügt Schwarz über zwei gute Möglichkeiten: 12. ... ♘:d4 13.♕:d4 ♘:e5 14.♕h4 h6 15.♘ge4 e6! 16.♕:d8 ♖f:d8 mit unklarer Stellung (Geller) oder 12. ... de 13.♗:c6 ed 14.♘:b5 ♖b6! (Szekely–Wain-

111

stein, Budapest 1976), und Weiß kann die Mehrfigur nicht halten.

11. ...   f7:e6
12.d4–d5   e6:d5!

Weniger ratsam ist 12. ... ♘a5 13.cb ed 14.♘d4 ♘f6 15.♘:d5 ab 16.♗d2!, und Weiß steht überlegen (Geller–Tschiburdanidse, UdSSR 1981).

13.c4:d5   ...

Nach 13.♕:d5+ e6 14.♕:c6 ♗b7 säße die weiße Dame in der Falle.

13. ...   ♘c6–a5
14.♘f3–d4   ♘d7–e5

Die Position dieses Springers sieht nicht sehr dauerhaft aus. Er ermöglicht jedoch die kleine taktische Feinheit 15.f4 c5!

15.b2–b4!?   ...

Ein unumgänglicher Zwischenzug.

15. ...   ♘a5–c4
16:f2–f4   ...

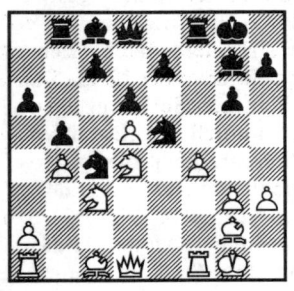

16. ...   c7–c5!

112

Auch hier ist diese taktische Finesse angängig.

17.d5:c6   ♘e5:c6
18.♘d4:c6   ♕d8–b6+

Auf 18.♗:c6 würde ebenfalls 18. ... ♕b6 folgen.

19.♔g1–h2   ♗g7:c3
20.♘c6:e7+   ♔g8–h8
21.♘e7:c8   ...

Zu ungefährem Ausgleich führte 21.♘d5 ♕d4 22.♘:c3 ♕:c3 23.♖b1 ♗b7.

21. ...   ♖b8:c8
22.♖a1–b1   ♖c8–e8

Die e-Linie muß mit diesem Turm besetzt werden, da auf 22. ... ♖fe8 die Antwort 23.f5! möglich ist. Insgesamt kann man die Stellung als ungefähr gleichwertig einschätzen.

23.♖b1–b3   ♗c3–g7
24.♖b3–d3   a6–a5!

Auf 24. ... ♖e7 ist 25.♖e1! gut.

25.b4:a5   ♕b6:a5
26.a2–a3   ♖e8–e7
27.♖d3–d5   ♖f8–e8

Schwarz verschärft die Situation. Zum Ausgleich führte 27. ... ♘e3.

28.f4–f5   ♖e7–e1

Eine typische Zeitnotentscheidung. Durch den Zeitmangel war es schwierig, einer äußerlich so effektvollen Erstürmung der ersten Reihe zu widerstehen, zudem noch eine Falle damit verbunden ist. Als bedeutend einfacher und stärker erwiese sich aber 28. ... gf.

29.♕d1–d3! ...

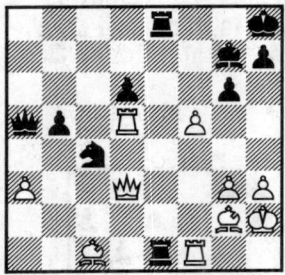

Der einzige, aber ausreichende Zug. Natürlich geht mein sehr erfahrener Gegner nicht in das ausgebreitete Netz: 29.♖:e1? ♖:e1 30.♕c2 ♕b6, und die Mattdrohung entscheidet.

29. ... ♘c4–e5

Auf 29. ... ♖:f1 würde 30.♕:f1! folgen mit den Drohungen 31.♕:c4 und 31.f6.

30.♖f1:e1 ...

Jetzt, wo die Türme vereinzelt sind, kann das Turmpaar getauscht werden, zumal der Springer gefesselt ist.
Möglich war auch 30.♕:b5 ♕:b5 31.♖:b5 ♖:f1 32.♗:f1 ♘f3+ 33.♔g2 ♘d4, und die weiße Stellung verdient den Vorzug.

30. ... ♕a5:e1
31.♕d3:b5 ♖e8–c8

Im Falle von 31. ... ♖f8 würde Weiß mittels 32.♕f1! mit Vergnügen in das Endspiel einlenken.

32.♗c1–f4 g6:f5
33.♖d5:d6 ♘e5–g6!

Schwarz bietet einen weiteren Bauern an, möchte aber dafür seine Streitkräfte maximal aktivieren – 34.♕:f5 ♖f8 mit scharfem Spiel.

34.♕b5–d5 ♕e1–e7!

Dieser Damenzug ist die einzig richtige Fortsetzung. 34. ... ♘:f4?? war natürlich unmöglich wegen 35.♖d8+. Nach dem Textzug ist das Remis unvermeidlich.

35.♗f4–d2 ♗g7–e5
36.♖d6–d7 ♕e7:a3
37.♖d7–d8+ ♖c8:d8
38.♕d5:d8+ ♕a3–f8

Remis gegeben.

Es gibt Anhänger der Königsindischen Verteidigung, die den Bauern e7 in seiner Ausgangsstellung belassen. Ich bevorzuge allerdings, bei der ersten sich bietenden Gelegenheit mit Hilfe des Vorstoßes e7–e5 einen Schlag gegen das feindliche Zentrum zu führen.

Partie Nr. 26
Waganjan–Gufeld
Moskau 1972

1.♘g1–f3	♘g8–f6
2.g2–g3	g7–g6
3.♗f1–g2	♗f8–g7
4.0–0	0–0
5.c2–c4	d7–d6
6.d2–d4	♘b8–c6
7.♘b1–c3	e7–e5

Eine weniger prinzipielle Fortsetzung ist 7. … ♗g4, zum Beispiel 8.d5 ♘a5 9.♘d2 c5 10.h3 ♗d7 11.♕c2 e5 12.de ♗:e6 13.b3, und Weiß hat einen klaren Plan: mit ♗c1–b2, ♖a1–d1 usw. Druck im Zentrum auszuüben sowie den Punkt d4 mittels e2–e3 unter Kontrolle zu nehmen. Nach 8.h3 ♗:f3 9.ef! zieht Weiß d4–d5 und erlangt Übergewicht.

Betreffs des logischeren 7. … ♗f5 siehe die Partien Nr. 28 und 29.

8.d4–d5 …

Schwerlich auf Übergewicht rechnen kann der Anziehende im Falle von 8.de de 9.♗g5, zum Beispiel 9. … ♗e6 10.♘d5 ♗:d5 11.♗:f6 ♕:f6 12.cd ♘e7 13.e4 c6 14.♕b3 cd 15.ed ♘f5 16.♖fe1 ♖ae8 mit ungefährem Ausgleich (Thorbergsson–Stein, Reykjavik 1972).

8. …	♘c6–e7
9.c4–c5	…

Bezüglich 9.e4 siehe die folgende Partie Nr. 27.

Eine taktische Begründung des Textzuges veranschaulicht die Variante 9. … dc 10.♘:e5 ♘f:d5 11.♘:d5 ♗:e5 (falls 11. … ♘:d5, so 12.♘:f7) 12.♗g5 f6 (12. … ♗d6 13.♕d2) 13.♗:f6! oder auch 13.♘:f6+ ♗:f6 14.♕:d8 ♖:d8 15.♗:f6.

9. … e5–e4!?

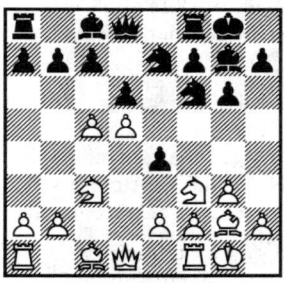

Eine interessante Möglichkeit, den weißen Läufer g2 vom Punkt d5 zeitweilig abzuschneiden und Gegenspiel im Zentrum zu erhalten. Nach 9. … ♘e8 10.cd ♘:d6 11.e4 ♗d7 12.♕b3 c5 13.a4 b6 14.♘d2 ♕c7 15.f4 f6 16.♘c4 ♘ec8 17.fe fe 18.♖:f8+ ♔:f8 19.♘b5 ♘:b5 20.ab ♘d6 steht Weiß etwas freier (Botterill–Miles, Oxford 1970/71).

10.c5:d6 …

Genauer ist sofort 10.♘g5, zum Beispiel 10. … dc 11.♗g:e4 ♘:e4! 12.♘:e4 b6

13.a4 a5 14.d6 cd 15.♘:d6
♖b8 16.♘:c8, und Weiß hat
den Vorteil des Läuferpaares.

10. ...   ♛d8:d6!
11.♘f3–g5   ...

Nichts ergibt 11.♗f4?! ♛d8.

11. ...   ♘f6:d5!

Das ist noch stärker als 11. ...
♘e:d5 12.♘g:e4 ♛e5
13.♘:f6+ ♘:f6 14.♗f4 ♛a5
15.♛a4 ♛:a4 16.♘:a4 c6
17.♗e5 ♖e8 18.f4 ♘g4 mit
Ausgleich (Furman–Gufeld,
Kiew 1963).

12.♘g5:e4   ♛d6–e5
13.♘c3:d5?!   ...

Besser war 13.♗d2.

13. ...   ♘e7:d5

Die schwarze Stellung ist
schon etwas vorzuziehen.

14.♛d1–b3   ...

Die vereinfachende Abtausch-
kombination 14.♛:d5 ♛:d5
15.♘f6+ ♗:f6 16.♗:d5 c6 ergäbe in dem schwierigen Endspiel ein geringes Übergewicht
für Schwarz.

14. ...   c7–c6
15.♖f1–e1   a7–a5!
16.♘e4–c5?!   ...

Eine ungünstige Entscheidung.

16. ...   ♘d5–b4

Der schwarze Druck am Da-
menflügel ist spürbar. Für
Weiß ist es sehr schwer, seine
Entwicklung zu beenden.

17.a2–a3   ...

Auf 17.♘d3 hat Schwarz die
angenehme Wahl zwischen
dem einfachen 17. ... ♘:d3
18.♛:d3 ♗e6 und der nach-
haltigeren Fortsetzung 17. ...
♗e6!

17. ...   ♛e5:c5
18.a3:b4   ♗c8–e6!

Dieser Zwischenzug widerlegt
das Vorhaben des Anziehenden.

19.b4:c5   ...

19.♛:e6 scheitert an 19. ...
♛:b4, und zwei weiße Figuren
sind bedroht.

19. ...   ♗e6:b3

Auf dem Brett herrscht Materialgleichheit, und jede Seite hat
zwei Läufer. Doch die Läufer
des Nachziehenden paralysie-
ren die ganze weiße Armee.

20.e2–e4   a5–a4
21.e4–e5   ...

Ein Versuch die Diagonale des
„Gufeld-Läufers" zu überdek-
ken.

| 21. ... | 🖳f8–e8 |
| 22.♗c1–f4 | ... |

Mittels 22.f4 f6 23.♗e4 fe 24.f5 gf 25.♗:f5 e4! ist das Zentrum ebenfalls nicht zu halten.

| 22. ... | 🖳a8–a5 |
| 23.🖳a1–c1 | ♗g7–f8 |

Die von der Basis abgeschnittenen weißen Bauern werden für den Gegner eine leichte Beute.

24.♗f4–e3	🖳e8:e5
25.♗e3–d2	🖳a5:c5
26.♗d2–c3	🖳e5:e1+
27.🖳c1:e1	a4–a3
28.♗c3–b4	a3–a2!

Nach 29.♗:c5 ♗:c5 kann der Anziehende das Manöver ♗c5–d4:b2 nicht verhindern. Weiß gab deshalb auf.

Partie Nr. 27
Kolarow–Gufeld
Bulgarien–Ukraine, Odessa 1967

1.d2–d4	♘g8–f6
2.♘g1–f3	g7–g6
3.g2–g3	♗f8–g7
4.♗f1–g2	0–0
5.0–0	d7–d6
6.c2–c4	♘b8–c6
7.♘b1–c3	e7–e5
8.d4–d5	♘c6–e7
9.e2–e4	♘f6–d7

Wie auch im Taimanow-Aronin-System muß Schwarz, um Gegenspiel zu erlangen, den Vorstoß f7–f5 durchsetzen. Möglich ist ebenfalls 9. ...

♘e8 10.b4 h6 11.♗b2 f5 12.ef gf, doch nach 13.♘h4! besitzt Weiß geringes Übergewicht. Nicht zu empfehlen ist 9. ... c6 wegen 10.♘e1 cd 11.cd ♘d7 12.♘d3. Der Versuch, das gegnerische Zentrum zu sprengen, führte nur dazu, daß Weiß durch Überführung des Springers nach d3 den Druck am Damenflügel verstärkt. In der Partie Geller–Lombardy (Monte Carlo 1967) geschah weiter 12. ... f5 13.♕b3 b6 14.ef ♗a6 15.♘e4 ♘:f5 16.♕a3 ♗:d3 17.♕:d3 ♘c5 18.♕d1. Die Inbesitznahme des Punktes e4 sowie das Läuferpaar und eine Reihe schwacher Punkte im schwarzen Lager machen das Übergewicht von Weiß äußerst fühlbar.

| 10.♘f3–e1 | ... |

Dieses Manöver hier ist weniger überzeugend als nach vorangegangenem 9. ... ♘h5 10.♘e1, wo der Springerrückzug den Vorstoß f7–f5 erschwert, zum Beispiel 10. ... c6 11.a4! cd 12.cd ♗d7 13.b3 ♗e8 14.♘d3 f5 15.♘b2 ♘f6 16.♘c4 fe 17.♗a3 mit schwieriger Stellung für Schwarz (Hübner–Balsahn, Graz 1972). Nach 9. ... ♘d7 verdient 10.♗e3, Aufmerksamkeit, zum Beispiel 10. ... h6 11.♕d2 ♔h7 12.🖳ad1 f5 13.ef gf 14.♘h4 ♘f6 15.♕c2 (Dukanović–Jovanović, Jugoslawien 1974) oder 10. ... f5 11.ef gf 12.♘g5 ♘f6 13.♘e6 ♗:e6

14.de c6 15.♕b3 ♛c8 (Cholmow–Doroschkewitsch,
UdSSR 1966/67). In beiden
Fällen ist die weiße Stellung
vorzuziehen.
Interessant ist auch das aktive
10.b4!? h6 11.♘d2.

| 10. ... | f7–f5 |
| 11.♘e1–d3 | ♘d7–f6! |

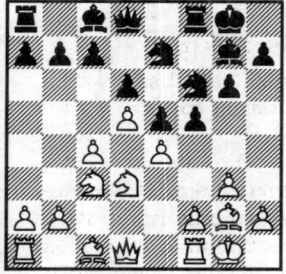

Stärker und prinzipieller als
das zaghafte 11. ... h6?! 12.f4
♔h7 13.♗d2 fe 14.♘:e4 ♘f5
15.♔h1 ef 16.♘:f4 ♘e5
17.♖c1 c5 (Botwinnik–
Schmid, Hamburg 1965) 18.dc
bc 19.♖e1, und Weiß steht
besser.

| 12.f2–f3 | ... |

Besser ist 12.f4!?

| 12. ... | h7–h6 |
| 13.♔g1–h1 | ... |

Im Falle von 13.♘f2 f4!
14.♗d2 g5 15.g4 ♘g6 ist der
schwarze Angriff stärker (Udovčić–Gligorić, Kragujevac
1969).

| 13. ... | g6–g5! |
| 14.e4:f5 | ♘e7:f5 |

15.♘d3–f2	♛d8–e8
16.♘c3–e4	♛e8–g6
17.♕d1–d3	♗c8–d7

Es ist offensichtlich, daß
Schwarz in der Eröffnung etwas mehr erreicht hat. Er beherrscht den Punkt d4 und besitzt gute Chancen für einen
Angriff gegen den feindlichen
König.

| 18.♗c1–d2 | ♘f6:e4 |
| 19.♘f2:e4 | ♖f8–f7 |

Schwarz verdoppelt die Türme,
um den Druck auf den Punkt
f3 zu verstärken.

20.♖f1–f2	♖a8–f8
21.♖a1–f1	♘f5–d4!
22.♗d2–e3	♗d7–f5
23.♔h1–g1	h6–h5!

Es beginnt ein direkter Bauern-
sturm auf die weiße Königsfestung.

| 24.♗e3:d4 | e5:d4 |
| 25.♖f2–e2 | g5–g4! |

Die Bauernstütze des Punktes
e4 wird unterminiert, wonach
sich Schwarz mit allen zur
Verfügung stehenden Kräften
auf diesen kritischen Punkt
stürzt.

26.f3–f4	♖f7–e7
27.♖f1–e1	♖f8–e8
28.b2–b4!?	c7–c6
29.b4–b5	c6:d5
30.c4:d5	♔g8–f8
31.a2–a4	b7–b6
32.♔g1–f2	h5–h4
33.♔f2–g1	h4–h3
34.♗g2–h1	♖e8–c8

117

Die schwarzen Figuren finden überraschend Wege für einen Einfall am Damenflügel.

35.♛d3–a3   ...

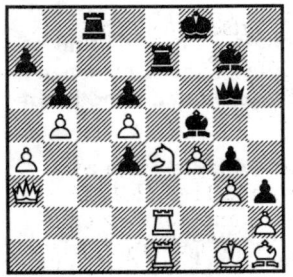

35. ...   d4–d3

Ein thematischer Schlag! Die Diagonale des schwarzfeldrigen Läufers wird geöffnet und weiße Dame auf das Feld d3 gelockt, um den Springer zu fesseln.

36.♛a3:d3   ♜c8–c3
37.♛d3–d1   ♜c3–c4
38.♞e4–f2   ♜e7–c7?

Ein großer Fehler. Nach 38. ... ♝c2! könnte Weiß Materialverlust nicht vermeiden.

39.♝h1–e4!   ...

Weiß tauscht seinen passiven Läufer gegen den aktiven des Nachziehenden ab, und das Kampfbild verändert sich jäh.

39. ...   ♝g7–c3
40.♝e4:f5   ♛g6:f5
41.♜e2–e8+   ♚f8–f7
42.♞f2–e4!   ...

Ganz plötzlich hat Weiß Dro-

hungen gegen den schwarzen König geschaffen, und Schwarz muß bereits auf Rettung sinnen. Im Falle von 42.♞:g4?! konnte er noch auf Gewinn spielen: 42. ... ♛g6! 43.♜8e6 ♝:e1! 44.♞h6+ ♚g7! 45.♜:g6+ ♚:g6 46.♛g4+ ♚:h6 47.♛:h3+ ♚g7!

42. ...   ♜c4:e4!
43.♜e1:e4   ♝c3–e5
44.♛d1–d3!?   ♜c7–c3

Natürlich verbot sich 44. ... ♚:e8 wegen 45.♜:e5+.

45.♜e8:e5!   ...

Führt zu einem Damenendspiel, das remis ist.

45. ...   d6:e5
46.♛d3:c3   ♛f5:e4
47.♛c3–c7+   ♚f7–g6
48.♛c7–d6+   ♚g6–f7
49.♛d6–e6+   ♚f7–f8
50.♛e6–f6+   ♚f8–g8
51.♛f6–d8+   ♚g8–f7

Remis gegeben.

Jetzt wollen wir uns mit einer anderen Möglichkeit von Schwarz in dieser Variante vertraut machen, der Fortsetzung 7. ... ♝f5. Ich habe sie als einer der ersten angewandt, und zwar gegen Kortschnoi bei der 33. Meisterschaft der UdSSR 1965 in Tallinn. Nach den einleitenden Zügen 1.d4 ♞f6 2.c4 g6 3.g3 ♝g7 4.♝g2 d6 5.♞f3 0–0 6.0–0 ♞c6 7.♞c3 ♝f5

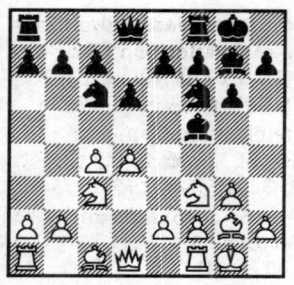

folgte dort 8.♘h4 ♗d7 9.f4 ♘a5! 10.♕d3 c5 11.d5 a6 12.b3 b5 13.♗d2 ♖b8 14.♖ac1 ♕c7 15.e4 bc 16.bc ♖b2 17.♖fe1 ♗g4. Die Abseitsstellung des weißen Springers machte sich deutlich bemerkbar. Schwarz besitzt ernsthafte Initiative. Zwar habe ich die Partie dennoch verloren, aber daran ist nicht die Königsindische Verteidigung schuld. Später hat Weiß mehrfach versucht, sein Spiel in dieser Variante zu verstärken.

Partie Nr. 28
Csom–Gufeld
Cienfuegos 1984

1.c2–c4	g7–g6
2.d2–d4	♗f8–g7
3.♘b1–c3	d7–d6
4.g2–g3	♘g8–f6
5.♗f1–g2	0–0
6.♘g1–f3	♘b8–c6
7.0–0	♗c8–f5
8.♘f3–h4	♗f5–d7
9.e2–e4	...

Zu einer ausgeglichenen Stellung führt auch 9.b3 e5 10. de

de 11.♗b2 ♖e8 12.♘d5 ♘:d5 13.cd ♘e7 14.e4 c6 (Johansson–Bobozow, Havanna 1966).

| 9. ... | e7–e5! |

Diese Fortsetzung sichert Schwarz Ausgleich.

| 10.d4–d5 | ♘c6–d4 |
| 11.♗c1–e3 | ... |

Schwächer ist das aggressiv aussehende 11.f4 c6 12.f5 cd 13.cd b5, und Schwarz erhält am Damenflügel etwas bessere Chancen.

| 11. ... | c7–c5! |
| 12.d5:c6 | b7:c6! |

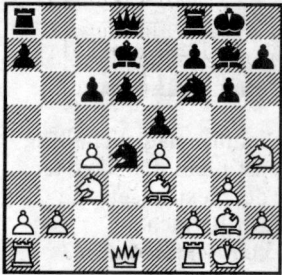

Ohne falsche Furcht. Schwarz bekommt für den Bauern ein gutes Spiel.

13.♗e3:d4	e5:d4
14.♕d1:d4	♘f6–d5
15.♕d4–d3	♘d5:c3
16.b2:c3	

Hier einigten sich die Spieler auf Remis.

Partie Nr. 29
Barcza–Gufeld
Leningrad 1967

1.♘g1–f3	g7–g6
2.d2–d4	♘g8–f6
3.g2–g3	♗f8–g7
4.♗f1–g2	0–0
5.0–0	d7–d6
6.c2–c4	♘b8–c6
7.♘b1–c3	♗c8–f5
8.d4–d5	...

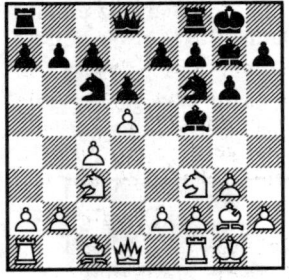

Der scheinbar natürliche Zug 8.♘h4 ist nicht der stärkste. Außer der Textfortsetzung kommt in Betracht:
a) 8.b3 ♘e4 9.♗b2 ♘:c3 (schwächer ist 9. ... ♕d7 10.♖c1 ♘b4 11.♘:e4 ♗:e4 12.♕d2 a5 13.a3 ♘c6 14.d5 ♗:f3 15.ef ♗:b2 16.♕:b2, und der schwarze Springer hat kein günstiges Feld, Donner–Spasski, Göteborg 1965) 10.♗:c3 ♗e4 (eben in dieser Möglichkeit mit anschließendem Abtausch der weißfeldrigen Läufer verbirgt sich die Idee von 7. ... ♗f5) 11.♖c1 (als weniger günstig erwies sich 11.♕d2, was Schwarz in der

Partie Krogius–Gufeld, Tallinn 1965, nach 11. ... e5 12.d5 ♘e7 13.♘e1 ♗:g2 14.♘:g2 ♕d7 15.e4 f5 16.ef gf 17.f4 ♘g6 vollwertiges Spiel sicherte) 11. ... e5 12.d5 ♘e7 13.♗h3 ♗f5 14.♗:f5 ♘:f5 15.e4 ♘e7 16.c5 mit Initiative für Weiß.
b) 8.h3 ♘e4! 9.♘d5 ♗d7 10.♗e3 e6 11.♘f4 ♘e7 12.♕c2 ♘f6 13.♖ad1 ♗c6 mit Ausgleich (Wladimirow–Borissenko, UdSSR 1957).
c) 8.♘e1!? ♕d7 9.d5 ♘a5 10.e4 ♗h3 11.♕e2 c5 12.f4 ♗:g2 13.♔:g2 a6 14.e5, und Weiß besitzt ein starkes Bauernzentrum.
d) 8.♖e1 ♘e4 9.♘d5! ♖e8 10.♘e3 ♗d7 11.d5 ♘b8 12.♕c2 ♘c5 13.♗d2, und Weiß hat Entwicklungsvorsprung.

8. ...	♘c6–a5
9.♘f3–d4	♗f5–d7

Ein Fehler wäre 9. ... ♘:c4? 10.♘:f5 gf wegen 11.♕d3! mit ernsthafter weißer Initiative.

10.b2–b3	...

Schwächer ist 10.♕d3 c5 11.♘b3 wegen 11. ... b5!? 12.♘:a5 ♕:a5 13.♘:b5 ♗:b5 14. cb a6 15.ba ♖fb8 16.♗d2 ♕:a6, und für den Bauern hat Schwarz ausreichendes Gegenspiel (Cuellar–Stein, Sousse 1967).

10. ...	c7–c5
11.d5:c6	...

Ohne diesen Abtausch kann Weiß nicht um Vorteil kämpfen, da sonst sein Springer aus dem Zentrum vertrieben wird: 11.♘c2 a6 12.♖b1 ♕c7 13.♕d3 ♖ab8 14.♗d2 b5 mit Ausgleich (Udovčić–Westerinen, Leningrad 1967).

11. ...	b7:c6
12.♗c1–b2	...

Beachtung verdiente auch 12.♖b1.

12. ...	♖a8–b8
13.♕d1–d2	...

Es drohte 13. ... ♘:c4. Im Falle von 13.♖b1 war 13. ... c5 14.♘c2 ♕c8!? möglich.

13. ...	c6–c5
14.♘d4–b5	♘a5–c6
15.♘c3–d5	♘f6:d5
16.♗b2:g7	♔g8:g7
17.♗g2:d5	♘c6–b4!

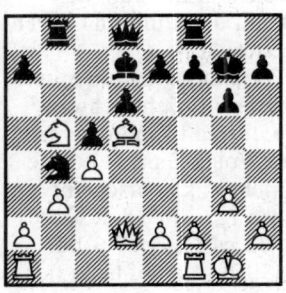

Für den Abtausch des weißfeldrigen Läufers ist es um den Bauern a7 nicht schade. Obendrein trägt dieses Opfer zeitweiligen Charakter, da der Springer nicht leicht aus dem

schwarzen Lager zurückkehren kann.

18.♘b5:a7	♘b4:d5
19.♕d2:d5	♕d8–c7
20.♘a7–b5	♗d7:b5
21.c4:b5	♖b8:b5

Nun herrscht wieder Materialgleichheit, doch die verläßliche Bauernstellung von Schwarz sichert ihm die besseren Perspektiven.

22.♖f1–c1	♕c7–b7
23.♕d5–d2	...

Weiß zieht es vor, die Damen auf dem Brett zu belassen, da in einem doppelten Turmendspiel der gegnerische Druck am Damenflügel spürbar würde.

23. ...	♖f8–a8
24.♖c1–c3	♔g7–g8
25.♖a1–c1	♖a8–a3
26.♖c1–c2	♖b5–a5
27.♖c2–b2?!	...

Zu passiv. Aufmerksamkeit verdiente 27.♖c4.

27. ...	♕b7–b4
28.♖c3–c2	♕b4:d2
29.♖c2:d2	f7–f5

Im Endspiel hat Schwarz ein geringes, aber stabiles Übergewicht. Der König dringt schneller zum Zentrum vor als sein Widerpart.

30.♔g1–f1	♔g8–f7
31.♔f1–e1	♖a5–a6
32.♔e1–d1	...

Vielleicht war es angebracht, die Aktivität des schwarzen

Bauernzentrums mittels 32.f4!? einzuengen.

32. ...	e7–e5
33.♔d1–c1	♔f7–e6
34.♖d2–c2	♖a6–a5
35.♔c1–b1	♖a5–b5
36.♖c2–c3	d6–d5

Die Bauernarmada hat sich bedrohlich in Bewegung gesetzt.

37.♖b2–c2	♔e6–d6
38.♔b1–b2	♖b5–a5
39.b3–b4?!	...

Weiß wird nervös. Notwendig war, mit dem König zurückzukehren.

39. ...	♖a3:a2+
40.♔b2–c1	♖a2:c2+
41.♖c3:c2	c5:b4
42.♔c1–b1	b4–b3
43.♖c2–c3	♖a5–a2

Der schwarze Turm ist auf die zweite Reihe vorgedrungen, und es ist offensichtlich, daß Weiß aussichtslos steht.

44.♖c3:b3	♖a2:e2
45.♖b3–b7	♖e2:f2
46.♖b7:h7	e5–e4
47.♔b1–c1	e4–e3
48.♔c1–d1	d5–d4

Weiß gab auf.

Für die moderne Behandlung der Königsindischen Verteidigung mit Fianchettierung des weißen Königsläufers ist das Studium der jugoslawischen Variante mit dem Vorstoß c7–c5 sehr wichtig.
Betrachten wir die folgende

Zugfolge: 1.d4 ♘f6 2.c4 g6 3.g3 ♗g7 4.♗g2 d6 5.♘f3 0–0 6.0–0 c5.

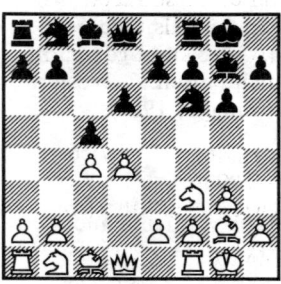

Schwarz beläßt vorerst den Bauern e7 in seiner Ausgangsstellung und unternimmt einen Schlag gegen das feindliche Zentrum von der Damenflanke aus, um den Aktionsradius seines königsindischen Läufers zu vergrößern.
Wenn Weiß die Zentrumsspannung mittels 7.♘c3 aufrechterhält, verstärkt Schwarz den Druck auf den Punkt d4 durch 7. ... ♘c6.
Falls Weiß das Zentrum mittels 7.d5 abriegelt, zieht Schwarz 7. ... b5!? und kann in das sehr scharfe Wolga-Gambit übergehen. Nicht so klar erscheint hingegen 7. ... e6?! 8.de ♗:e6 9.♘g5 ♗:c4 10.♗:b7 ♘bd7 11.♘a3! Der Kampf ließe sich natürlich auch nach dem Schema ♘b8–a6, b7–b6, ♗c6–b7, ♘a6–c7 der Benoni-Verteidigung fortsetzen. Eine solche Aufstellung bevorzugen viele führende jugoslawische Schachmeister.

Schließlich hat Weiß die Möglichkeit, im Zentrum mittels 7.dc dc zu tauschen.
Wie wurden diese Ideen in meine Spielpraxis umgesetzt? Die Antwort darauf geben die folgenden Partien.

Partie Nr. 30
Bukić–Gufeld
Jugoslawien–UdSSR, 1974

1.d2–d4	♘g8–f6
2.c2–c4	g7–g6
3.♘g1–f3	♗f8–g7
4.g2–g3	0–0
5.♗f1–g2	d7–d6
6.0–0	c7–c5
7.♘b1–c3	♘b8–c6

Interessant aus sieht das Bauernopfer 7. ... cd 8.♘:d4 ♘c6 9.♘:c6 (9.♗:c6?! bc 10.♘:c6 ♕d7 11.♕a4? ♗b7 12.♘d5 ♖fe8, und Weiß gab auf, Gofstein–Georgadse, UdSSR 1977) 9. ... bc 10.♗:c6 ♖b8 11.♗g2 ♕a5, doch mit 12.♘b5! überdeckt Weiß die b-Linie und blieb danach meist erfolgreich. Allerdings verdient hier 12. ... ♗e6!? Beachtung.

8.d4–d5	♘c6–a5

Die Ausgangsstellung der jugoslawischen Variante. Lassen wir, um sie zu charakterisieren, Exweltmeister Tal zu Wort kommen: „Die Postierung des Springers auf a5 kann sich sowohl als aktiv wie auch als ungünstig erweisen. Der Ausgang des Kampfes wird weitgehend davon abhängen, ob Schwarz in der Lage ist, den Springer a5 für einen Druck auf den Punkt c4 auszunutzen oder seinen Übergang über b7 und d8 zum Königsflügel durchzusetzen. Wenn es nicht gelingt, das eine oder andere zu verwirklichen, ist die Stellung von Schwarz in der Regel schwierig."

9.♘f3–d2	...

Weiß kann den Bauern c4 auch mittels 9.♕d3 verteidigen, aber wie die Praxis gezeigt hat, wird die Dame häufig eine Zielscheibe für die gegnerischen Figuren, zum Beispiel 9. ... e5 10.de ♗:e6 11.♘d2 ♘c6 12.♘de4 ♘e8 13.♗g5 ♕d7, und angesichts der Drohung 14. ... ♘e5 besitzt Schwarz gute Gegenchancen (Euwe–Bouwmeester, Beverwijk 1958).

9....	e7–e5!

Von meinem Standpunkt aus ist das der beste Plan. Schwarz verlegt den Kampf vom Damenflügel ins Zentrum und auf den Königsflügel. Bei geschlossenem Zentrum läßt sich der Springer a5 leichter näher zum Hauptkampfplatz führen. Die Methode, mittels 9. ... a6 die Bauern am Damenflügel zu aktivieren, verliert an Anhängern. Mit Zugumstellung wurde diese Variante ausführlich in der Partie Nr. 23 betrachtet.

10.e2−e4 ...

Im Falle von 10.a3 b6 11.b4
♗b7 entsteht eine Stellung, in
der Weiß über verschiedene
Möglichkeiten verfügt, zum
Beispiel 12.♖b1 ♘g4! 13.h3
♘h6 14.♘de4 f6 15.♗d2 ♘f7
(Achmylowskaja−Tschiburda-
nidse, Tallinn 1977) oder
12.♗b2 ♘g4 13.h3 ♘h6 14.e3
♗d7 15.♕c2 f5 16.f4 ♘f7. In
beiden Fällen sind die Chancen für Schwarz nicht schlecht.

10. ... ♘f6−g4!?

Ich halte dies für die prinzipielle und aktivste Fortsetzung.
Schwarz muß möglichst bald
den programmgemäßen Vor-
stoß f7−f5 durchsetzen. Indes
wäre auch 10. ... ♗d7 oder
10. ... ♘e8 zu prüfen, während 10. ... a6 nicht dem Geist
der Stellung entspricht.
Schwarz begänne an dem
Brettabschnitt zu spielen, wo
er schwächer ist, zum Beispiel
10. ... a6 11.♕c2 ♖b8
12.♖b1! b5 13.cb ab 14.b4 cb
15.♖:b4 ♗a6 16.♕b1 ♖b7
17.♗f3, und der Nachziehende
ist am Damenflügel starkem
Druck ausgesetzt (Bukić−Fo-
rintos, Vršac 1975).

11.h2−h3 ...

Ungenau ist 11.b3 f5 12.ef gf
13.h3, denn jetzt braucht der
Springer nicht nach h6 zu ziehen, sondern kann die aktivere
Position auf f6 einnehmen.

11. ... ♘g4−h6

12.b2−b3 f7−f5
13.e4:f5 g6:f5

Aufmerksamkeit verdiente
auch 13. ... ♘:f5.

14.♗c1−b2 ♗c8−d7
15.♕d1−c2 a7−a6
16.♖a1−e1 ♕d8−g5!
17.♘c3−e2 ...

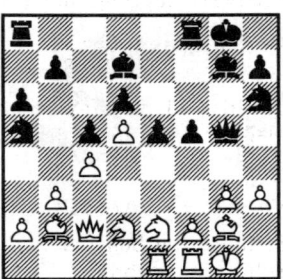

Den schwarzen Figuren ist es
gelungen, äußerst aussichtsreiche Positionen einzunehmen.
Jetzt wäre 17. ... ♕g6!? 18.f4
e4 möglich, wonach die Chancen von Schwarz zumindest
nicht schlechter sind.

17. ... ♖a−e8?

Ein schablonenhafter Zug.

18.♗b2−c3 b7−b6
19.f2−f4 ...

Weiß hat Übergewicht erlangt.

19. ... e5:f4?

Wie es oft geschieht, zieht ein
Fehler einen weiteren nach
sich. Notwendig war es, mit
der Dame nach 19. ... ♕g6 zurückzugehen.

20.♘d2−f3! ...

Ein wichtiger Zwischenzug.

20. ...   ♛g5–d8

Sofort verlor 20. ... ♛g6
21.♘:f4 ♛:g3? wegen 22.♘h5.

21.♗c3:g7   ...

Am genauesten. Nach
21.♘:f4?! ♗:c3 22.♛:c3 ♛f6
hätte Schwarz Rettungschancen.

21. ...   ♔g8:g7
22.♘e2:f4   ♔g7–g8

Mit der Idee 23. ... ♛f6. Jedoch läßt es Weiß nicht dazu
kommen.

23.♘f4–h5!   ...

Die Stellung von Schwarz ist
sehr schwierig geworden.

23. ...   ♖e8:e1
24.♖f1:e1   ♖f8–e8

Auf 24. ... ♗e8 entscheidet
25.♘f4.

25.♛c2–c3   ♖e8:e1+
26.♛c3:e1   ...

Nach 26.♘:e1 bestanden noch
Chancen, die Partie mittels
26. ... ♛e7 zu halten.

26. ...   ♔g8–f8
27.♛e1–c3   ♛d8–e7
28.h3–h4!   ♘h6–g8
29.♘f3–g5   h7–h6
30.♘h5–f4   ♛e7–e8
31.♘g5–e6+   ♗d7:e6
32.d5:e6   ♘a5–c6
33.♗g2:c6   ♛e8:c6
34.♘f4–g6+   ♔f8–e8
35.♛c3–h8

Schwarz gab auf.

Jetzt wollen wir eine Idee Naj-
dorfs untersuchen, bei der
Weiß sein Mehrtempo auszunutzen sucht, um in einer symmetrischen Stellung als erster
Druck auf den Damenflügel
auszuüben. Trotz der Vereinfachungen ist die dabei entstehende Stellung nicht ohne
Gift.

Partie Nr. 31
Pigussow–Gufeld
UdSSR 1981

1.d2–d4   ♘g8–f6
2.♘g1–f3   g7–g6
3.c2–c4   ♗f8–g7
4.g2–g3   0–0
5.♗f1–g2   d7–d6
6.0–0   c7–c5
7.d4:c5   d6:c5
8.♛d1:d8   ...

Der argentinische Großmeister
Najdorf spielte sogleich 8.♘e5
ohne vorhergehenden Damentausch. In der Partie gegen Boleslawski (Zürich 1953) brachte
ihm dieses Verfahren nach 8. ...
♛c7? 9.♘d3 ♘c6 10.♘c3
♗f5 11.♗f4 ♛a5 12.♗d2
♗:d3 13.ed ♛c7 14.♗e3 ♖fd8
15.♗:c5 ♘e5 16.d4 ♘:c4
17.♛e2 ♘d6 18.a4 Erfolg.
Danach wurde jedoch festgestellt, daß Schwarz mittels
8. ... ♘fd7! leicht ausgleicht,
zum Beispiel 9.♘:d7 ♛:d7!
10.♘c3 ♘c6! 11.♛d5 ♛:d5
12.cd ♘d4 13.♗g5 ♖e8
14.♖ac1 ♗d7 15.♖fe1 ♖ac8
16.e3 h6, und die Chancen von

125

Schwarz sind nicht schlechter (Bulat–Gligorić, Jugoslawien 1960).

| 8. ... | ☐f8:d8 |
| 9.♘f3–e5 | ... |

Die Idee dieses Ausfalls ist die Entwicklung des schwarzen Damenspringers zu erschweren.

| 9. ... | ♘f6–e8! |

Es ist interessant, daß nach dem Damentausch 9. ... ♘fd7?! ungünstig ist wegen 10.♘:d7! ♘:d7 11.☐d1 und 9. ... ♘bd7 wegen 10.♘d3. Weiß hat in beiden Fällen Übergewicht.

| 10.♘e5–d3 | ♘b8–a6! |

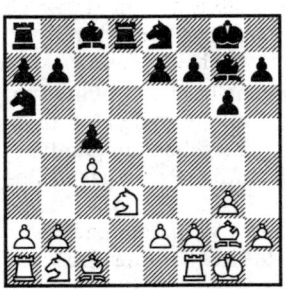

Ein neuer sehr zuverlässiger Zug.

| 11.♘b1–c3 | ♘e8–d6 |

Sich von dem Läufer zu trennen hatte keinerlei Sinn: 11. ... ♗:c3?! 12.bc ♘d6 13.♗f4!, und die weiße Stellung verdient den Vorzug.

| 12.♘c3–d5 | ♔g8–f8 |

126

| 13.♘d5–e3 | ☐a8–b8 |

Auf diese Weise kann Schwarz die Entwicklung des Damenflügels beenden.

14.♗c1–d2	b7–b6
15.☐a1–b1	♗c8–b7
16.♗g2:b7	☐b8:b7

Hier einigte man sich auf eine Punkteteilung, obwohl mir die Stellung von Schwarz bereits besser gefiel.
Jetzt wollen wir uns ansehen, wie die Ereignisse verlaufen, wenn Weiß erst nach der Entwicklung des Springers b1 im Zentrum tauscht.

Partie Nr. 32
Adorjan–Gufeld
Hastings 1986/87

1.c2–c4	g7–g6
2.♘g1–f3	♗f8–g7
3.d2–d4	♘g8–f6
4.g2–g3	0–0
5.♗f1–g2	d7–d6
6.0–0	c7–c5
7.♘b1–c3	♘b8–c6
8.d4:c5	...

Die Stellungen, die nach 8.d5 ♘a5 entstehen, haben wir bereits betrachtet.

| 8. ... | d6:c5 |
| 9.♗c1–f4 | ... |

Häufig kommt auch 9.♗e3 vor. In diesem Falle bietet sich Schwarz die Möglichkeit 9. ... ♕a5!, und falls 10.♕a4?! (besser ist 10.♗d2), dann 10. ... ♕:a4 11.♘:a4 b6.

9. ...   ♘f6–h5

Der genaueste Weg, der zum Ausgleich führt.
Ein kompliziertes Spiel mit unklaren Chancen ergibt 9. ... ♗e6 10.♘e5 ♘h5 11.♘:c6 bc 12.♗e3 ♕:d1 13.♖f:d1 ♖ab8 14.♖d2 ♖:b2 15.♖:b2 ♗:c3 (Kosma–Espig, Zinnowitz 1967).
Nicht zum vollen Ausgleich reicht 9. ... ♘d4 10.♗e5 ♘c6 11.♕:d8 ♖:d8 12.♗c7 ♖d7 13.♗f4 ♘d4 14.♖fd1 ♘h5 15.♗d2 ♖d8 16.♘:d4 cd 17.♘d5 e6 18.♘e7+ ♔h8 19.♖ac1 (Gligorić–Vukčević, Jugoslawien 1958).

10.♗f4–e3   ...

Auch 10.♗d2 ♗d7 11.♕c1 ♖e8 12.♖d1 ♕c8 13.♗h6 ♗h8 14.♕d2 ♗h3 (Petrosjan–Velimirović, Vinkovci 1970) ergibt Ausgleich. Jetzt sollte Weiß dem Abtausch der weißfeldrigen Läufer mittels 15.♗h1! ausweichen, denn in der Partie war nach 15.♖ac1 ♗:g2 16.♔:g2 ♘d4 die Stellung von Schwarz sogar vorzuziehen.

10. ...   ♘c6–d4

Angetroffen wird auch 10. ... b6 11.♕c1 ♗d7 12.♖d1 ♕c8 13.♗h6 ♖d8 14.♗:g7 ♔:g7, aber nach 15.♕e3!? f6 16.♕e4 e5 17.♘e1 ♗e8 18.♖:d8 ♕:d8 19.♖d1 ♕e7 20.♘d5 (Stupica–Bertok, Jugoslawien 1969) muß Schwarz noch um den vollen Ausgleich kämpfen.

11.♘f3–d2   ...

Natürlicher aus sieht 11.♕d2 ♗g4 12.♖fd1 ♗:f3 13.♗:f3 ♘:f3+ 14.ef ♕:d2 15.♖:d2 ♗:c3 16.bc b6 17.♖d7 ♖fe8 18.♖ad1 ♘g7 mit Remisstellung (Geller–Gligorić, Stockholm 1962).
Weiß strebte offenbar einen komplizierteren und inhaltsreicheren Kampf an.

11. ...   ♖a8–b8!

Es ist notwendig, den Abtausch der weißfeldrigen Läufer vorzubereiten. Auf das verlockende 11. ... ♗f5 ist 12.h3!? unangenehm.

12.♘d2–b3   b7–b6

Wenn Weiß jetzt den Abtausch im Zentrum verzögert, steht Schwarz nach 13. ... ♗b7 aussichtsreicher.

13.♗e3:d4   c5:d4
14.♘c3–b5   ♗c8–b7!
15.♘b5:d4   ...

Ein Fehler wäre 15.♗:b7 ♖:b7 16.♘5:d4? ♖d7, und Schwarz gewinnt.

15. ...   ♗b7:g2
16.♔g1:g2   ♖b8–c8!

Hier einigten sich die Gegner auf Remis. Von Weiß ist bereits Genauigkeit erforderlich, zum Beispiel 17.♖c1 ♖:c4!, und Schwarz steht angenehmer. Auf 17.♕d3 ist 17. ... ♕d7! 18.♖fd1 ♕a4! oder 18. ... ♕g4!? gut.

VIERTES KAPITEL

Awerbach-System

In diesem System stellt Weiß bei der Mobilisierung seiner Streitkräfte zeitweilig die Entwicklung des Königsspringers zugunsten des Läuferausfalls ♗c1–g5 zurück. Die gewöhnliche Zugfolge ist 1.d4 ♘f6 2.c4 g6 3.♘c3 ♗g7 4.e4 d6 5.♗e2 0–0 (als zweifelhaft erweist sich 5. ... e5?! wegen 6.de de 7.♕:d8+ ♔:d8 8.f4!, und trotz des Damentausches können Schwarz Schwierigkeiten entstehen, die reinen Mittelspielcharakter tragen) 6.♗g5.

Dieser Zug bestimmt das System, das den Namen des sowjetischen Großmeisters Juri Awerbach trägt. Die Stammpartie war die Begegnung Awerbach–Panno (Buenos Aires 1954). Die Idee des Systems besteht darin, Kontrolle über die wichtige Diagonale auszuüben und Schwarz die Organisierung des typisch königsindischen Gegenspiels, das die Bauernvorstöße e7–e5 und f7–f5 einbezieht, zu erschweren. Das System ist nicht so sehr schöpferisch wie zerstörend. Im Verlaufe vieler Jahre „terrorisierte" es die Anhänger der Königsindischen Verteidigung und ermöglichte Schwarz kein aktives Spiel.

Es scheint, daß es mir gelang, in der Partie gegen Tukmakow (Spartakiade 1983) einen wichtigen Schlag gegen das System zu führen. Doch gehen wir der Reihe nach.

Partie Nr. 33
Lputjan–Gufeld
Spartakiade, Moskau 1983

1.d2–d4	♘g8–f6
2.c2–c4	g7–g6
3.♘b1–c3	♗f8–g7
4.e2–e4	d7–d6
5.♗f1–e2	0–0
6.♗c1–g5	c7–c5

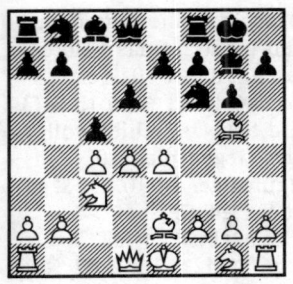

Auf die andere populäre Fortsetzung 6. ... h6 werden wir bei der Untersuchung der nächsten Partie eingehen. Möglich ist auch 6. ... ♘bd7 (trotz der Läuferpostierung auf g5 ist Schwarz bestrebt, einen Schlag im Zentrum mittels e7–e5 zu führen) 7.♕d2 (die genaueste Zugfolge; Weiß nimmt die Diagonale c1–h6 unter Kontrolle; im Falle von 7.♘f3 h6 8.♗e3 e5 erhält Schwarz ein bequemes Spiel, und falls 7.f4, dann 7. ... e5! 8.de de 9.fe ♘:e5 10.♕:d8 ♖:d8 11.♘d5 ♘:d5! 12.♗:d8 ♘b4, und für die geopferte Qualität hat Schwarz ein sehr aussichtsreiches Spiel) 7. ... c6 (sofort 7. ... e5 ermöglicht Weiß, 8.d5 zu spielen, obwohl der Nachziehende auch in diesem Falle nach 8. ... ♘c5 9.♗f3 a5 keine schlechten Chancen besitzt) 8.♘f3 e5 9.0–0 ♖e8 10.♖ad1 (Weiß muß den Punkt d4 verteidigen; nach 10.♖fe1 ed 11.♘:d4 ♕b6! erwachsen ihm Probleme, Lilienthal–Rasuwajew, Moskau 1967) 10. ... ♕b6

11.d5 cd 12.cd ♘c5 13.♕c2 ♗d7 14.♘d2. Nun wählte ich in einer Partie gegen Polugajewski (Moskau 1969) 14. ... ♖ec8 (notwendig war 14. ... h6!?, und falls 15. ... ♗e3, dann 15. ... ♘g4 mit gutem schwarzem Spiel) und geriet nach 15.♕b1 h6 16.♗e3 ♕d8 17.♖c1 ♘g4?! (besser war 17. ... ♘e8) 18.♗:g4 ♗:g4 19.♘c4 in eine schwierige Lage.

7.d4–d5   ...

Auf 7.dc folgt das bekannte Verfahren 7. ... ♕a5 mit der Drohung 8. ... ♘:e4. Mit dieser Möglichkeit machen wir uns ausführlicher in der Partie Saitschik–Gufeld (Nr. 35) vertraut.

7. ...   h7–h6

Diese Variante habe ich im Duell gegen Polugajewski (34. Meisterschaft der UdSSR, 1967) erprobt. Dort geschah 7. ... e6 8.♕d2 ed 9.ed ♖e8 10.♘f3 ♗g4 11.0–0 ♘bd7 12.h3 ♗:f3 13.♗:f3 a6 14.a4 ♕c7 15.♕c2 (dem nicht mehr gefesselten Springer f6 wird das Feld e4 verwehrt) 15. ... ♖e7 16.♖ae1 ♖ae8 17.♖:e7 ♖:e7 (trotz des Abtausches eines Turmpaares ist es Schwarz nicht gelungen, die Schwierigkeiten zu überwinden; auf jeden Fall ist es mir psychologisch sehr unangenehm, ohne Gegenspiel eine solche Stellung zu besitzen)

18.♗e2 h6 19.♘d2 ♘e8 20.g4 ♘df6 21.f4 ♕d7 22.♕d3 b6 23.♕f3 ♕b7 24.♗d3 ♘c7 25.g5 (Weiß geht zum direkten Sturm über) 25. ... hg 26.f5! b5 27.cb?! (das schwarze Vorgehen am Damenflügel bewirkt eine fehlerhafte Reaktion; nach 27.fg bc 28.♗:g5! erlangt Weiß deutliches Übergewicht) 27. ... c4 28.♗b1 ♘c:d5 29.fg ab 30.♘:b5 ♕b6+ 31.♕f2 ♖e2! Die Rollen haben sich vertauscht, jetzt greift bereits Schwarz an. Wahrscheinlich ist in keiner modernen Eröffnung – vielleicht das Drachensystem der Sizilianischen Verteidigung ausgenommen – der Preis für eine Ungenauigkeit so hoch wie in der Königsindischen Verteidigung. Mein Gegner brauchte nur nicht 27.cb?! zu spielen, und die Stellungsszenerie hätte sich jäh verändert.

32.gf+ ♔f8! 33.♕:b6 ♘:b6 34.♗c3 ♘bd5 35.♗d4 ♘f4 (obwohl auf dem Brett keine Damen sind, nimmt die Bedrohung des weißen Königs zu) 36.♘:d6 ♘6h5 37.♗c5? (ein Zeitnotversehen in bereits schwieriger Stellung) 37. ... ♖g2+ 38.♔h1 ♘g3 matt. Schon früher, bei der 33. Meisterschaft der UdSSR, 1965, hatte ich gegen Polugajewski anstelle von 9. ... ♖e8 den Zug 9. ... ♕b6 gewählt. Es folgte 10.♘f3 (in der bekannten Partie Borissenko–Boleslawski, Moskau 1956, rochierte

Weiß lang, um die schwarzen Figuren nicht auf das Feld e4 zu lassen: 10.0–0–0 ♖e8 11.♗d3 a6 12.h3 ♕a5 13.♘f3 b5, und Schwarz erhielt vollwertiges Gegenspiel) 10. ... ♗f5 (günstiger ist 10. ... ♗g4) 11.♘h4 ♘e4 12.♘:e4 ♗:e4 13.f3 ♕:b2 14.♖c1 h6 15.♗:h6 ♕:d2+ 16.♗:d2 ♗f6 17.g3 g5 18.fe gh 19.♗f4 (die interessanten Verwicklungen führten zu einem Endspiel, in dem sich Weiß geringes Übergewicht bewahrt) 19. ... ♘d7 20.♗:d6 ♖fe8 21.♗d3 ♗e5 22.♗:e5 ♘:e5 23.♔e2 hg 24.♖cg1 ♖ad8 25.♖:g3+ ♔f8 26.♖b1 b6 27.h4 ♖d6 28.h5 ♖h6 29.♖g5 f6 30.♖f5?! (richtig war 30.♖f1! und auf 30. ... ♘f7 dann 31.♖g6) 30. ... ♘f7 31.♖bf1 ♔e7 32.♔e3 (hier bot sich Weiß die Möglichkeit, mit Hilfe eines Materialopfers starke Drohungen aufzustellen: 32.e5!? ♘:e5 33.♖:e5+ fe 34.♗g6, und 34. ... ♖f8 scheitert an 35.d6+) 32. ... ♘d6 33.♖5f4 ♖g8 34.♗e2 ♖g3+ 35.♔f2 ♖a3 36.♖g1 ♖:a2 37.e5 fe 38.♖g7+ ♔e8 39.♖g8+ ♔e7. Remis gegeben.

8.♗g5–e3 ...

Populär wurde in den letzten Jahren die Variante 8.♗f4 e6 9.de ♗:e6 10.♗:d6 ♖e8 11.♘f3 ♕b6. Nun kann zum Beispiel folgen 12.♗:b8 ♖a:b8 13.♕c2 ♘h5 14.g3 ♗:c3+

15.♛:c3 ♝h3 16.e5 ♝g2
17.♖g1 ♛:f3 18.♝:f3 ♛d6!
(schwächer ist 18. ... ♛f6?
19.0–0–0 mit Übergewicht für
Weiß) 19.♔f1 ♛:e5 20.♛:e5
♖:e5 21.♔g2 ♞g7 mit Aus-
gleich (Tukmakow–Gufeld,
Spartakiade, Moskau 1983).
Eine andere Möglichkeit ist in
dieser Variante 12.e5 ♞fd7
13.♞b5 ♞c6 (eine wichtige
theoretische Neuerung, die mit
einem Qualitätsopfer verbunden ist; früher geschah 13. ...
♞a6) 14.♝c7 (im Falle der
Annahme des Danaergeschenks
durch 14.♞c7 nimmt
das Vorhaben von Schwarz Ge-
stalt an: 14. ... ♞d:e5 15.♞:e5
♞:e5 16.♞:a8 ♛a5+, und
17.♛d2 scheitert an 17. ...
♞d3+! 18.♝:d3 ♝g4+, wäh-
rend nach 17.♔f1 ♞:c4
Schwarz klare Kompensation
für den Materialverlust besitzt)
14. ... ♛a6 15.0–0 ♖ec8
16.♛b3 ♞d:e5 17.♞:e5 ♞:e5
18.♝:e5 (Weiß muß dem Gegner das Läuferpaar überlassen)
18. ... ♝:e5 19.♖fe1 ♛b6
20.♝f3 ♝g7 21.♞c3 ♖cd8
22.♖ad1 ♛:b3 23.ab ♖ab8
24.♖:d8+ ♖:d8, und in dem
entstandenen Endspiel ist die
schwarze Stellung vorzuziehen
(Neistadt–Nesis, 12. Fernschach-Weltmeisterschaft,
1985–87).

8. ...   e7–e6
9.h2–h3   ...

Zu zweischneidigem Spiel
führt 9.de ♝:e6 10.♛d2 ♛b6

11.♞f3 ♝g4 12.♝f4 ♞c6
13.0–0 ♔h7 14.♝:d6 ♖fd8
15.♞a4 ♛b4! (Uhlmann–Ghi-
tescu, DDR–Rumänien, 1983).

9. ...   e6:d5
10.e4:d5   ♖f8–e8
11.♞g1–f3   ...

Auch 11.♝d3 ist schon vorge-
kommen.

11. ...   ♝c8–f5

Am genauesten. Nach 11. ...
♞e4 12.♞:e4 ♖:e4 13.0–0 ist
die weiße Stellung besser.

12.g2–g4!?   ...

Nach 12.0–0 ♞e4 13.♞:e4
♝:e4 würde Schwarz Ausgleich
erlangen. Auf 12.♛d2 plante
ich, 12. ... ♝e4! 13.♞:e4
♝:e4 zu spielen, und im Falle
von 14.♝:h6?! ♝:h6 15.♛:h6
♝:f3 16.gf besitzt Schwarz die
besseren Chancen.

12. ...   ♝f5–e4
13.♛d1–d2   ♞b8–d7
14.0–0   ...

Vielleicht sollte Weiß
14.0–0–0!? versuchen.

14. ...   ♝e4:f3!

Der Läufer konnte in Gefahr
geraten, zum Beispiel 14. ...
h5? 15.♞g5.

15.♝e2:f3   h6–h5!
16.g4–g5   ...

Wenn 16.gh, so 16. ... ♞e5
17.♝e2 ♞:h5, und 18.♝:h5 ist
schlecht wegen der Antwort
18. ... ♞:c4.

16. ...   ♘f6–h7
17.♔g1–h1   ...

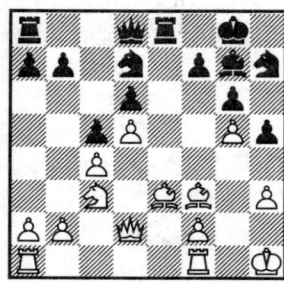

17. ...   ♗g7:c3

Ein Abtausch, der mir sehr
schwerfiel. Von dem schwarzfeldrigen Läufer darf man sich
nur trennen, wenn sich daraus
ein unmittelbarer Vorteil ergibt.

18.b2:c3   ♘d7–e5
19.♗f3–e2   ♛d8–d7
20.♔g1–h2   ...

Auch 20.♔g2 ♛f5 sichert
Schwarz Vorteil.

20. ...   ♛d7–f5

Nicht seinen Zweck erreicht
20. ... ♛a4 wegen 21.♛d1!

21.f2–f4   ...

Angesichts der Drohung 21. ...
♛e4 ist Weiß gezwungen, die
Ereignisse zu forcieren. Nichts
taugt 21.f3. Schwarz verdoppelt
dann die Türme auf der e-Linie, wonach die Läufer wegen
der fehlenden Unterstützung
hilflos sind.

21. ...   ♛f5–e4!

Schwächer ist 21. ... ♘:c4
22.♗:c4 ♛e4 wegen 23.♗b5!

22.♖a1–e1   ...

Im Falle von 22.fe ♛:e5+
23.♗f4 ♛:e2+ 24.♖f2 ♛:d2
25.♖:d2 ♖ad8 ist Schwarz im
Vorteil.

22. ...   ♘e5:c4
23.♗e2:c4   ♛e4:c4

Weiß verfolgt mit seinen nächsten Zügen die Idee, die f-Linie mittels f4–f5 zu öffnen
und einen Angriff am Königsflügel zu inszenieren (nach
dem vorbereitenden 25.♗g3).
Während Lputjan über die Situation nachdachte, ging ich
ins Presse-Café, um eine Tasse
Kaffee zu trinken. Dort traf ich
meinen Freund, den Schrift-
steller Kiknadse. Vorwurfsvoll
den Kopf schüttelnd, fragte er:
„Was werden Sie denn mit
Ihrem Springer tun?" Um ihn
nicht zu verdrießen, beeilte ich
mich, diesen aus der Umzinge-
lung zu führen.

24.♗e3–f2   ♘h7–f8
25.♗f2–g3   ♖a8–d8!

Auf 25. ... ♘d7 ist 25.f5!
stark.

26.h3–h4   ...

26.f5 scheitert an 26. ... h4!
27.♗f4 gf nebst 28. ... ♘g6,
und Schwarz hat entscheidendes Übergewicht.

26. ...   ♘f8–d7
27.f4–f5   ♖e8:e1!

28.♛d2:e1   ...

Auf 28.♖:e1 ist ebenfalls
28. ... ♘e5 gut.

28. ...   ♘d7–e5
29.f5:g6   f7:g6

Nach 29. ... ♘:g6 würde sich
Weiß der taktische Schlag
30.♖:f7! bieten.

30.♖f1–f6   ...

Die beste praktische Chance.

30. ...   ♛c4:a2+

Bei 30. ... ♛:d5 hatte ich die
Variante 31.♘:e5 ♛:e5+
32.♛:e5 de 33.♖:g6+ ♔f7
34.♖h6 ♔g7 35.♖:h5 ♖e8
berechnet und gelangte zu der
Überzeugung, daß sie zum Remis führt: 36.♔g3 b5 37.♔f3
a5 38.♔e4 b4 39.cb cb
40.♖h6!

31.♔h2–g1   ♛a2:d5
32.♛e1–b1!   ...

Wiederum der beste Zug. Im
Falle von 32.♘:e5 de
33.♖:g6+ ♔f7 gewinnt
Schwarz.

32. ...   ♛d5–d3

Hier wirkte sich schon der
Mangel an Bedenkzeit aus. Anstelle von 32. ... ♛d3 konnte
ich 32. ... ♖d7 spielen. Aber
ich sah nicht, daß in der Variante 33.♘:e5 ♛:e5
34.♛:g6+ ♖g7 35.♛:h5
Schwarz mittels 35. ... ♛:f6
den Turm schlagen kann.
Auch nach 35.♛h6 ♛e1+

nebst 36. ... ♛:h4 wäre es
schlecht um Weiß bestellt. Das
gleiche läßt sich von der Stellung nach 33.♖:g6+!? ♖g7!
sagen.

33.♛b1:d3   ♘e5:d3
34.♖f6:g6+   ♔g8–f7
35.♖g6–h6

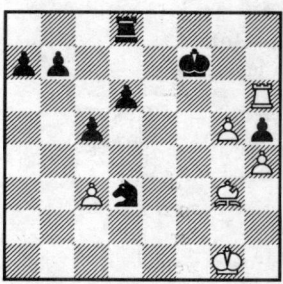

Nachdem mein Gegner diesen
Zug ausgeführt hatte, bot er
Remis an. Mir blieben bis zur
Zeitkontrolle anderthalb Minuten, und dieser „diplomati-
sche" Trick übte eine läh-
mende Wirkung auf mich aus.
Der Vorschlag des talentierten
Lputjan sagte mir, daß ich
irgend etwas nicht sehe. Na-
hezu eine Minute suchte ich
dieses „Etwas", aber ich fand
nichts, warf einen Blick auf
das sich hebende Blättchen
und willigte in den Friedens-
vorschlag ein.
Folgende natürliche Züge hät-
ten zu einem einfachen Gewinn geführt: 35. ... a5
36.♖h7+ (auf 36.♖:h5 ge-
schieht 36. ... b5, und die
schwarzen Bauern sind nicht

aufzuhalten) 36. ... ⏴g8
37.⏴:b7 ⏴a8 38.⏴:d6 a4
39.⏴b1 a3 40.⏴a1 a2 41.⏴f1
⏴a6 42.⏴g3 (nach 42.⏴e7
entscheidet 42. ... ⏴e6) 42. ...
⏴c1 usw. Aber das steht in
keinerlei Beziehung zu der Eröffnungsvariante.

Partie Nr. 34
Garcia−Gufeld
Camagüey 1974

1.d2−d4	⏴g8−f6
2.c2−c4	g7−g6
3.⏴b1−c3	⏴f8−g7
4.e2−e4	d7−d6
5.⏴f1−e2	0−0
6.⏴c1−g5	h7−h6

Bevor Schwarz das Zentrum
sprengt, nimmt er dem Gegner
die Möglichkeit, die Diagonale
c1−h6 zu kontrollieren und
vertreibt den Läufer aus seiner
aktiven Position auf g5. Obwohl damit eine geringe
Schwächung des Königsflügels
verbunden ist, gilt der Zug
6. ... h6 für Schwarz nicht als
unvorteilhaft.

7.⏴g5−e3   ...

Auf 7.⏴f4 ist 7. ... ⏴c6 8.d5
e5 gut, und nach 7.⏴h4 gewinnt der Vorstoß 7. ... c5
noch an Kraft: 8.d5 a6 9.⏴f3
b5!

7. ...   c7−c5

Es geht auch 7. ... e5 8.d5
⏴bd7 9.⏴d2 h5!? 10.h3 ⏴c5
11.⏴f3 a5 12.⏴ge2 ⏴d7 (Uhl-

mann−Gligorić, Leningrad
1973).

8.d4:c5?!   ...

Eine zweifelhafte Entscheidung. Bedeutend aktiver ist
8.e5! de (im Falle von 8. ...
⏴fd7 begibt sich der Springer
aus dem Zentrum, und nach
9.ed ed 10.⏴f3 nebst ⏴d2 gewinnt Weiß ein wichtiges
Tempo) 9.de ⏴:d1+ 10.⏴:d1
⏴g4 11.⏴:c5 ⏴:e5 12.⏴d5
⏴bc6 13.f4! ⏴g4 14.h3 ⏴f6
15.⏴f3, und Schwarz hat, wie
die Partie Schereschewski−De-
mentjew (UdSSR 1973) zeigte,
ernsthafte Probleme bei der
Entwicklung seines Damenflügels.

8. ...	⏴d8−a5
9.⏴d1−d2	d6:c5
10.⏴e3:h6	⏴g7:h6
11.⏴d2:h6	⏴f6:e4
12.⏴a1−c1	⏴b8−c6

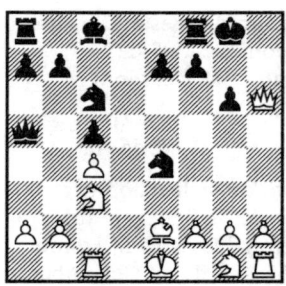

Nach der Abtauschaktion läßt
sich erkennen, daß Schwarz in
der Eröffnungsphase das bessere Spiel erreicht hat. Der
weiße König befindet sich

einstweilen noch nicht in Sicherheit, und der Verlust des Zentrumsbauern e4 wiegt schwerer als der Gewinn des Bauern h6.

13.g2–g4?!   ...

Eine Entscheidung, die bedenklich erscheint.

13. ...   Ἕf8–d8
14.ᥲg1–h3   ᥲc6–d4
15.ᥲe2–d1   ᥲe4–f6!
16.ᥲh3–g5   ᥲd4–e6!

Eine wichtige Umgruppierung der mobilen Kavallerie! Wenn sich auch Weiß leicht auf sie einstellt, so bleiben doch die Schwächen in seinem Lager. Allerdings wird von Schwarz akkurates Spiel gefordert.

17.h2–h4   ᥲe6–f8!

Mit der Drohung 18. ...
Ἕ:d1+! nebst 19. ... ᥲ:g4, und die weiße Dame sitzt in der Falle.

18.h4–h5   ...

Es half nicht 18.Ἕg1 wegen 18. ... Ἕ:d1+ 19.Ἕ:d1 ᥲg4 20.Ἕ:g4 ᥲ:g4, und Schwarz hat entscheidenden Vorteil.

18. ...   Ἕd8:d1+
19.Ἕc1:d1   ᥲf6:g4
20.♕h6:f8+!   ...

Die einzige praktische Chance.

20. ...   ♔g8:f8
21.h5:g6   f7–f6?

Das natürliche 21. ... fg führte leicht zum Sieg.

22.Ἕd1–d8+   ♔f8–g7?

Wiederum nicht das beste. Am einfachsten war es, die Dame zu geben: 22. ... ♕:d8
23.Ἕh8+ ♔g7 24.Ἕ:d8 fg
25.ᥲd5 b6, zum Beispiel
26.ᥲ:e7 ♗b7 27.Ἕd7 ♗f3
oder 26.ᥲc7 Ἕb8 27.ᥲa6
♗:a6 28.Ἕ:b8 ᥲe5 29.Ἕa8
ᥲc6 mit Gewinnchancen für Schwarz.

23.Ἕh1–h7+   ♔g7:g6
24.Ἕd8–g8+   ♔g6–f5
25.ᥲg5–f3   ♔f5–f4!

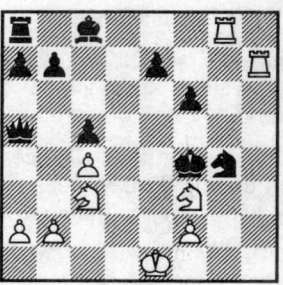

Der König ist aus der Gefahrenzone entwichen und selbst zum Angriff übergegangen.

26.ᥲf3–d2   ᥲg4–e5!
27.ᥲc3–d5+   ♔f4–f5
28.♔e1–e2   ...

Es war notwendig, aus der Fesselung zu gehen. Im Falle von 28.ᥲ:e7+ ♔e6 29.ᥲd5 ᥲf3+ verliert Weiß unverzüglich.

28. ...   ᥲe5–c6
29.a2–a3   b7–b6!

Auf diese Weise gelingt es, den vom Kampf ausgeschlossenen

135

Läufer zu entwickeln. Schwarz klammert sich dabei nicht an sein Materialübergewicht.

30.	♘d5–c7		♘c6–d4+
31.	♔e2–e3		♔f5–e5!
32.	♘c7:a8		♘d4–f5+
33.	♔e3–e2		♗c8–b7
34.	♘a8–c7		♛a5–a4
35.	♖h7–h5		♛a4–c2

Trotz ungefährer Material-gleichheit ist die Stellung von Weiß schwierig. Die schwarze Dame drang mit großer Kraft in dessen Lager ein. Doch bedarf es bis zum Sieg noch ziemlicher Anstrengungen.

36.	♖g8–d8		♔e5–f4
37.	♘c7–e6+		♔f4–g4
38.	♖h5:f5		...

Die einzige praktische Chance, da sich dunkle Wolken über der weißen Königsstellung zusammenbrauten.

38.	...		♔g4:f5
39.	♘e6–g7+		♔f5–g6
40.	♖d8–d7		♔g6:g7?

Ein typischer Fehler unmittelbar vor der Zeitkontrolle. Der Läufer mußte mittels 40. ... ♗a6 erhalten werden.

41.	♖d7:e7+		♔g7–g6
42.	♖e7:b7		♛c2:b2
43.	♖b7:a7		♔g6–f5

Natürlich ist das Übergewicht nach wie vor auf seiten von Schwarz, aber nachdem er seinen Läufer hergegeben hat, erschwert sich für ihn der Gewinn.

44.	♖a7–b7		♔f5–f4
45.	♖b7–e7		♛b2:a3
46.	♖e7–e3		♛a3–a7
47.	♖e3–b3		f6–f5
48.	♖b3–f3+		...

Weiß ist es geglückt, einen Grenzwall auf der dritten Reihe zu errichten. Seine Festung kann nicht leicht zerstört werden.

48.	...		♔f4–e5
49.	♖f3–e3+		♔e5–f6
50.	♖e3–b3		♛a7–b7
51.	♔e2–e1		♔f6–g5
52.	♔e1–d1		f5–f4
53.	♔d1–e2		♔g5–g4
54.	♔e2–d1		...

Weiß ist gezwungen, eine Abwartetaktik zu befolgen.

54.	...		♛b7–c6
55.	♔d1–c1		♛c6–g6
56.	♔c1–d1		♔g4–h4
57.	♘d2–f3+		♔h4–h5
58.	♘f3–d2		♔h5–g4
59.	♔d1–c1		♔g4–f5
60.	♔c1–c2		♔f5–e5
61.	♖b3–d3		♔e5–e6
62.	♔c2–c3		♛g6–g1

Mit Hilfe von Ablenkungsmanövern ist es der schwarzen Dame gelungen, dem gegnerischen König in den Rücken zu fallen.

63.	f2–f3		♛g1–c1+
64.	♔c3–b3		♔e6–f7
65.	♘d2–e4		♛c1–b1+
66.	♔b3–c3		♛b1–b4+
67.	♔c3–c2		♛b4:c4+

Weiß gab nach wenigen Zügen auf.

Partie Nr. 35
Saitschik–Gufeld
UdSSR 1981

1.d2–d4	♘g8–f6
2.c2–c4	g7–g6
3.♘b1–c3	♝f8–g7
4.e2–e4	d7–d6
5.♝f1–e2	0–0
6.♝c1–g5	c7–c5
7.d4:c5	...

Diese Fortsetzung ist weniger prinzipiell als 7.d5, kommt aber dennoch manchmal in der Praxis vor.

7. ...	♛d8–a5
8.♝g5–d2	...

Die Drohung 8. ... ♘:e4 zwingt Weiß, Maßnahmen zu ergreifen.
Im Falle von 8.♛d2 dc 9.e5 ♖d8 10.♛e3 ♘g4 11.♝:g4 ♝:g4 12.h3 ♝e6 13.♝:e7 ♖e8 14.♛:c5 ♛:c5 15.♝:c5 ♘d7 bieten sich Schwarz prächtige Möglichkeiten (Prins–Geller, Amsterdam 1954).

8. ...	d6:c5

Akzeptabel ist auch 8. ... ♛:c5, zum Beispiel 9.♘f3 ♝g4 10.0–0 ♘bd7 11.b4 ♛:b4! 12.♘d5 ♛a3 13.♝b4 ♛b2 (Schereschewski–Petkewitsch, UdSSR 1973), und nun konnte Weiß mittels 14.♝c3 ♛a3 15.♝b4 das Remis forcieren. In der Partie folgte 14.♖b1?! ♛:a2 15.♖a1 ♘:d5! 16.♖:a2 ♘:b4 17.♖a3 ♘c5, und trotz des Damenverlustes sind die Chancen von Schwarz besser.

9.e4–e5	♘f6–d7
10.f2–f4	♘b8–c6
11.♘g1–f3	f7–f6

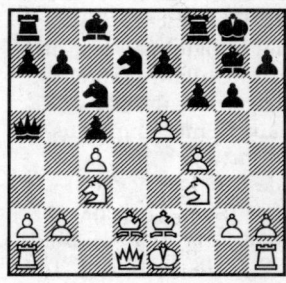

Ein typisches Verfahren. Schwarz strebt den Bauernabtausch an, um die Diagonale für seinen Läufer zu öffnen.

12.e5:f6	...

Der Versuch, die schwarzen Figuren einzuengen, trägt zeitweiligen Charakter und würde sich nicht bezahlt machen: 12.e6 ♘db8 13.♘a4 (oder 13.♘d5 ♛d8 14.f5 gf 15.♘f4 ♘d4) 13. ... ♛c7 14.♘:c5 b6, und die Stellung von Schwarz ist vorzuziehen.

12. ...	♘d7:f6

Schwarz möchte unverzüglich ein Figurenspiel im Zentrum entfalten. Weniger aktiv ist 12. ... ef.

13.0–0	♔g8–h8

Ein neuer Zug. Früher wählte man 13. ... ♝f5 14.♘d5 ♛d8 15.♝c3 ♛d6 16.♝e5 (auch 16.♛b3!? ist nicht schlecht) 16. ... ♛d8 17.♘:f6+ ef

137

18.♗d6 ♖e8 19.♗:c5 ♕:d1
(auf 19. ... ♕a5 ist 20.♗d6!
♖ad8 21.c5 ♗f8 22.♕b3+
♗e6 23.♕:b7 stark) 20.♗:d1
♗d3 21.♖f2 ♗:c4 22.♖c1,
und hier einigte man sich in
der Partie Ubilawa–Gufeld
(49. Meisterschaft der UdSSR,
1981) auf Remis. Zum Aus-
gleich führt auch 15. ... e6
(anstelle von 15. ... ♕d6)
16.♘:f6+ ♗:f6 17.♕:d8
♖a:d8 18.♗:f6 ♖:f6 19.♖ad1
♖ff8 20.♖:d8 ♖:d8 21.♔f2
(Adamski–Kupreitschik, Polanica Zdroj 1981).

14.♘f3–e5   ♘c6–d4

Eine unklare Stellung ent-
stände nach 14. ... ♗f5
15.♘:c6 bc.

15.♗e2–d3   ...

Aufmerksamkeit verdiente
15.♘b5!? ♘:e2+ 16.♕:e2.

15. ...   ♗c8–f5
16.♘c3–e2?!   ...

Hier war 16.♘b5!? ♕d8
17.♗c3 zu prüfen.

16. ...   ♕a5–d8
17.♗d2–c3   ♘f6–g4!

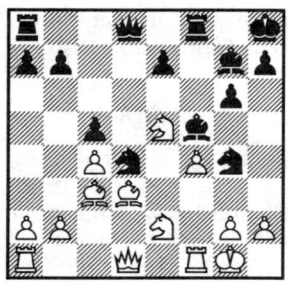

Mit diesem Zug gelingt es
Schwarz, die Initiative zu ergreifen.

18.♗c3:d4   ♗f5:d3!
19.♕d1:d3   ♘g4:e5
20.f4:e5   ♖f8:f1+
21.♖a1:f1   c5:d4

Die Abtauschaktion ist beendet, und Weiß muß nun
sehr genau spielen, um das
Gleichgewicht aufrechtzuerhalten.

22.♖f1–f7!   ...

Auf das natürliche 22.♕:d4 ist
22. ... ♕c7! unangenehm.

22. ...   ♕d8–a5
23.e5–e6   ♗g7–f6

Mehr Chancen auf Erfolg bot
23. ... ♕:a2!? 24.♖:e7 ♕a1+
25.♔f2 ♖f8+ 26.♖f7.

24.♘e2–f4   ...

Am genauesten. Die Drohungen gegen seinen König zwingen Schwarz, das Remis zu forcieren.

24. ...   ♕a5–e1+
25.♕d3–f1   ♕e1–e3+
26.♕f1–f2   ...

Natürlich verliert 26.♔h1 wegen 26. ... d3.

26. ...   ♕e3–c1+
27.♕f2–f1   ♕c1–e3+
28.♕f1–f2

Angesichts der Variante 28. ...
♖d8 29.♕:e3 de 30.♔f1
einigten sich die Spieler auf
Remis.

FÜNFTES KAPITEL

Vierbauernvariante

1.d4 ♘f6 2.c4 g6 3.♘c3 ♗g7
4.e4 d6 5.f4

Dieses aggressive System
tauchte zum erstenmal vor
über hundert Jahren in der
Partie Englisch–Tarrasch
(Hamburg 1885) auf. Trotz
ihres ehrwürdigen Alters gehört
die Vierbauernvariante, die
mitunter zu irrationalen Stellungen führen kann, zu den
am wenigsten erforschten Systemen der Königsindischen
Verteidigung.

Die Ideen von Weiß kommen
hier in seinen Plänen äußerst
klar zum Ausdruck. Er besetzt
von Partiebeginn an das Zentrum, um Raumüberlegenheit
zu erlangen. Allerdings geht
dabei wertvolle Zeit verloren
und mitunter gelingt es
Schwarz, seinen Entwicklungsvorsprung ausnutzend, einen

Zusammenstoß im Zentrum zu
inszenieren. Doch ungeachtet
dessen erweist sich dieses System als recht elastisch. Es
kann durch Zugfolgen entstehen, die für die Moderne Benoni-Verteidigung (1.d4 ♘f6
2.c4 c5 3.d5 d6 4.♘c3 g6 5.e4
♗g7 6.f4) oder das Wolga-
Gambit (1.d4 ♘f6 2.c4 c5 3.d5
b5) charakteristisch sind. Auch
Zugumstellungen sind möglich.
Wenn Weiß nach dem Bauernabtausch im Zentrum e6:d5
nicht e4:d5, sondern c4:d5 antwortet, ergeben sich Stellungen, die zur Modernen Benoni-
Verteidigung gehören. Eine
ziemlich seltene Abart der
Vierbauernvariante kann zustande kommen, wenn Schwarz
von dem üblichen Vorstoß
d7–d6 absieht.

Partie Nr. 36
Přibyl–Gufeld
Budapest 1970

1.c2–c4	g7–g6
2.♘b1–c3	♗f8–g7
3.d2–d4	♘g8–f6
4.e2–e4	0–0

Häufiger wird 4. ... d6 gespielt.
Schwarz braucht indes den
Bauernvorstoß e5 nicht zu

fürchten, da er nach 5.e5 ⧲e8 daß weiße Bauernzentrum mittels d7−d6 nebst c7−c5 sprengen kann.

5.f2−f4   c7−c5
6.d4−d5   b7−b5?!

Außer der Besetzung des Zentrums mit Bauern spielt vielleicht eine noch größere Rolle die schnellste Mobilisierung der Kräfte. Wenn ich eine Eröffnungsstellung nicht genau bewerten kann, zähle ich die entwickelten eigenen und gegnerischen Figuren. Im vorliegenden Falle sind die schwarzen Figuren besser entwickelt, und ich entschloß mich, zu aktiven Operationen überzugehen.

Natürlich muß zugegeben werden, daß der in dieser Stellung neue Zug b7−b5 auch etwas riskant ist. Als ich die Partie Lájos Portisch zeigte, rief er aus: „Ich freue mich für meinen Bruder, daß er einen Nachfolger gefunden hat!" Er fügte allerdings hinzu, daß Ferenc Portisch zuerst 6. ... d6 7.⧲e2 spielt und danach erst 7. ... b5.

7.e4−e5   ...

Es fällt schwer, eine so verführerische Fortsetzung nicht zu wählen. Einen Bauernangriff darf man jedoch gewöhnlich nicht vor Beendigung der Entwicklung beginnen. Vernünftiger war 7.cb, worauf ich 7. ... a6 spielen und zeitweilig ohne den Zug d7−d6 auskommen wollte.

7. ...   ⧲f6−e8
8.⧲c3:b5   ...

Weiß nimmt mit dem Springer, um seine Bauernkette intakt zu halten. Aus dem gleichen Grunde hatte er auch 7.e5 gespielt.

8. ...   d7−d6
9.⧲g1−f3   ⧲b8−d7!

Das Zentrum mittels 9. ... ⧲g4 anzugreifen wäre wegen 10.⧲e2 weniger überzeugend.

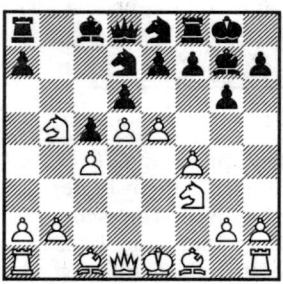

10.e5−e6?   ...

Vielleicht ist das schon ein ernsthafter Fehler. Notwendig war 10.ed. Přibyl gefiel vielleicht nicht die Stellung nach 10. ... a6 11.⧲c3 ⧲:d6. Als Antwort auf 11.⧲c7 konnte folgen 11. ... ⧲b8 12.⧲:e8 ⧲:e8 mit gefährlicher Initiative für Schwarz.

10. ...   f7:e6
11.⧲f3−g5   ⧲d7−f6
12.d5:e6   ⧲c8−b7
13.⧲f1−d3   d6−d5

Natürlich hatte es keinen Sinn, den Zug 13. ... ♗:g2 mit Rückgewinn des geopferten Bauern zu berechnen. Die ganze Strategie von Schwarz ist auf rascheste Kräftemobilisierung ausgerichtet.

14.0-0	♛d8-b6
15.♛d1-e2	d5:c4
16.♗d3:c4	a7-a6
17.♘b5-c3	♘e8-d6
18.♗c1-e3	♘d6:c4
19.♛e2:c4	♛b6:b2

Ungeachtet seiner scheinbaren Einfachheit (es droht Matt auf g2), erforderte dieser Zug eine genaue Berechnung.

20.♗e3-f2!   ...

Bedeutend schwächer ist 20.♘f3? ♘g4 oder 20.♘e2 ♗d5 21.♛d3 c4.

20. ...   ♛b2-b4

Weniger überzeugend wäre 20. ... ♘g4 21.♖ab1 ♛:c3 22.♛:c3 ♗:c3 23.♖:b7 ♘:f2 24.♔:f2 ♖:f4+ 25.♔e2 ♖:f1 26.♔:f1, und Weiß kann sich erfolgreich verteidigen. Von dem verführerischen 20. ... ♘h5 nahm Schwarz Abstand wegen 21.♖ab1 ♛:c3 22.♛:c3 ♗:c3 23.♖:b7 ♘:f4 24.g3!, und es ist keine entscheidende Fortsetzung zu sehen.

21.♛c4:c5   ...

Nach 21.♛:b4 cb ist die weiße Stellung hoffnungslos.

21. ...   ♛b4:f4

22.♗f2-g3   ...

Notwendig war auch, die Folgen des Zuges 22.♛:e7 abzuwägen, worauf ich 22. ... ♘g4! geplant hatte (schlechter ist 22. ... ♗:g2 23.♔:g2 ♛:g5+ 24.♗g3) und weiter 23.g3 ♛d4! Auf 24.♗:d4 geschieht 24. ... ♗:d4+ 25.♖f2 ♗:f2+ 26.♔f1 ♗c5+, und Schwarz gewinnt. Wenn Weiß die Dame nicht nimmt, so ist keine Verteidigung gegen 24. ... ♖:f2 erkennbar, z. B. 24.♖ad1 ♖:f2 25.♖:d4 ♖g2+ 26.♔h1 ♖:h2+ 27.♔g1 ♖h1 matt.

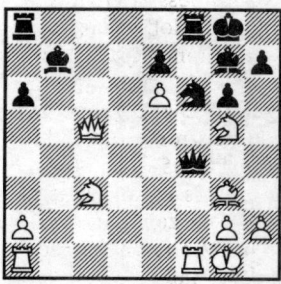

22. ...   ♘f6-d7!

Jetzt entscheidet dieser effektvolle Zug. Seine Schwierigkeit liegt im Psychologischen begründet: Schwarz hat die ganze Zeit Wege für einen Mattangriff gesucht, und plötzlich geht er zu einem positionellen Spiel über.

23.♗g3:f4   ...

Hartnäckigeren Widerstand konnte Weiß mit 23.♖:f4 ♘:c5 24.♖c4 leisten.

23. ...	♘d7:c5
24.♗f4–d2	♖f8–d8
25.♗d2–e3	...

Auch im Falle von 25.♗e1 (25.♖ad1 ♖:d2) 25. ... ♘d3 26.♗d2 ♘b4 läßt sich Materialverlust nicht vermeiden.

| 25. ... | ♗g7:c3 |
| 26.♗e3:c5 | ... |

Auf 26.♖ac1? folgt 26. ... ♘a4.

26. ...	♖d8–d2
27.♘g5–f3	♗b7:f3
28.g2:f3	♗c3:a1
29.♖f1:a1	♖d2–e2
30.♗c5:e7	♖e2:e6
31.♗e7–c5	♖a8–c8
32.♗c5–f2	♖c8–c2
33.a2–a4	♖e6–e2
34.♗f2–g3	♖c2–a2

Weiß gab auf.

Partie Nr. 37
Lanka–Gufeld
Jurmala 1973

1.d2–d4	♘g8–f6
2.c2–c4	c7–c5
3.d4–d5	d7–d6
4.♘b1–c3	g7–g6
5.e2–e4	♗f8–g7
6.f2–f4	0–0

Durch Zugumstellung ist eine der Grundstellungen der Vierbauernvariante entstanden. Die Praxis hat gezeigt, daß das wirkungsvollste Gegenspiel von Schwarz darin besteht, mittels c7–c5 oder e7–e5 unverzüglich einen Schlag gegen das mächtige feindliche Bauernzentrum zu führen.

| 7.♗f1–d3 | ... |

Häufig kommt 7.♘f3 e6 vor. Mit diesem Abspiel werden wir uns in der nächsten Partie beschäftigen.

| 7. ... | e7–e6 |
| 8.d5:e6 | ... |

Eine originelle Entscheidung. Gewöhnlich ist die Fortsetzung 7.♗d3 (im Unterschied zu 7.♗e2) mit der Entwicklung des Königsspringers nach e2 verbunden, zum Beispiel 8.♘ge2 ed 9.ed ♗g4 10.0–0 ♘bd7 11.♕c2 ♘h5 12.h3 ♕h4! mit prächtigem Spiel für Schwarz (Schaschin–I. Saizew, Moskau 1965).

| 8. ... | ♗c8:e6 |

9.f4–f5   ...

Weiß darf nicht zögern, andernfalls erhält Schwarz gute Konterchancen im Zentrum.

9. ...   ♗e6–d7
10.♘g1–f3   ♘b8–c6

Schwächer ist 10. ... gf?! wegen 11.0–0! fe 12.♘:e4 ♘:e4 13.♗:e4, und die weißen Figuren stehen sehr aktiv. Außerdem dem Textzug war 10. ... ♗c6 nebst ♘bd7 möglich.

11.0–0   ♘f6–g4!?

Eine neue Idee, deren Sinn sich in der Variante 12.♗g5 f6 13.♗f4 ♘ce5 zeigt.

12.♘c3–d5   ♘c6–b4!

Es ist unerläßlich, den starken weißen Springer im Zentrum abzutauschen. Der Abtausch des anderen weißen Springers ergäbe Vorteil für den Anziehenden: 12. ... ♘d4 13.h3 ♘:f3+ 14.♕:f3 ♘e5 15.♕g3.

13.♔g1–h1   ♘b4:d5
14.e4:d5   ♖f8–e8

Nach diesem Zug kann man den Schluß ziehen, daß das Eröffnungsstadium zugunsten von Schwarz verlaufen ist. Zu einer unklaren Stellung führte 14. ... ♕e8?! 15.♗f4 ♘e3 16.♕d2 ♘:f1 17.♖:f1.

15.♗c1–g5   ♕d8–a5!

Das ist das beste Feld für die Dame. Der Versuch, einen Bauern zu gewinnen, wäre

keine gute Lösung: 15. ... ♕b6 16.♕d2 (interessant ist auch 16.♘d2!? ♘e3 17.♕f3 ♘:f1 18.♖:f1) 16. ... ♕:b2 17.♕:b2 ♗:b2 18.♖ab1 ♗g7 19.♖:b7 ♗c8 20.♖c7, und das Übergewicht von Weiß ist offensichtlich.
Zweifelhaft erscheint auch 15. ... ♗f6 16.♕d2 ♗:g5 17.♘:g5 ♘e3 wegen 18.♘:f7!?

16.♕d1–c1   ...

Auf 16.♗d2 ist 16. ... ♕b6 gut.

16. ...   b7–b5!

Bei der ersten sich bietenden Gelegenheit sprengt Schwarz das Zentrum und öffnet das Spiel am Damenflügel.

17.♕c1–f4   ...

Die Drohungen von Weiß am Königsflügel sehen sehr gefährlich aus. Dennoch sollte er, wie der Partieverlauf gezeigt hat, an 17.b3 denken und versuchen, das Gegenspiel von Schwarz zu neutralisieren.

17. ...   b5:c4
18.♕f4:d6   ...

Auf den Läuferrückzug 18.♗c2 ist sowohl 18. ... ♖e2 als auch 18. ... ♘e3 stark.

18. ...   ♗d7–b5

Nach 18. ... cd 19.♕:d7 hat Weiß ernsthafte Drohungen.

19.f5:g6   ...

Auf 19.a4 ist 19. ... cd 20.ab

143

♛:b5 richtig, was Schwarz etwas Übergewicht bewahrt; aber nicht 19. ... ♝a6 20.fg fg wegen 21.♝:g6!

19. ...   f7:g6
20.♝d3:g6!   h7:g6!

Die Annahme des Opfers ist die beste Lösung. Zu einer unklaren Stellung führte der Damentausch 20. ... ♛b6 21.♛:b6 ab 22.♝:e8 ♖:e8.

21.♛d6:g6   ♛a5−a6!

Nur mit Hilfe dieses unscheinbaren Zuges läßt sich der weiße Angriff parieren und das Materialübergewicht behaupten.

22.d5−d6   c4−c3
23.♖a1−e1   ...

Der Sinn des Zuges 21. ... ♛a6! würde sich in der Variante 23.♝h6 ♞:h6 24.♞g5 ♝d3! zeigen, wonach Schwarz gewinnt; oder 23.♞h4 ♞e5.

23. ...   ♛a6:a2!

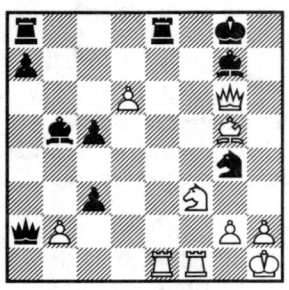

24.♝g5−e7   ...

Auf 24.♝h6 hatte ich das Verteidigungsmanöver 24. ... ♛f7! vorbereitet. Nach 25.♛:g4 ♝:f1 würde Schwarz gewinnen.

24. ...   ♝b5:f1
25.♖e1:f1   ...

Erneut wurde 25.♞g5 mittels 25. ... ♝d3! widerlegt.

25. ...   ♛a2−c4
26.♖f1−e1   ♞g4−f2+
27.♔h1−g1   ♛c4−f7

Noch genauer war 27. ... ♛g4! 28.♞g5 ♞h3+.

28.♛g6−c2   ...

Der Damentausch führte ebenfalls zur Niederlage: 28.♛:f7+ ♔:f7 29.♔:f2 cb.

28. ...   ♞f2−h3+
29.♔g1−h1   c3:b2
30.♞f3−h4   ♞h3−f2+
31.♔h1−g1   ♝g7−d4
32.♛c2−f5   ♞f2−d3+
33.♔g1−h1   ♛f7:f5

Weiß gab auf.

Partie Nr. 38
Nei−Gufeld
31. Meisterschaft der UdSSR, 1963

    1.d2−d4   ♞g8−f6
    2.c2−c4   g7−g6
    3.♞b1−c3   ♝f8−g7
    4.e2−e4   d7−d6
    5.f2−f4   0−0
    6.♞g1−f3   c7−c5
    7.d4−d5   ...

Auf 7.dc würde 7. ... ♛a5 folgen, und falls 8.cd?, so 8. ...

♘:e4! mit für Schwarz vorteilhaften Verwicklungen.

7. ...   e7–e6

Im Geiste des Wolga-Gambits ist das Bauernopfer 7. ... b5!?, das wir in der nächsten Partie betrachten.
Außerdem verdiente 7. ... a6 Aufmerksamkeit, was die reichen Möglichkeiten von Schwarz bei der vorliegenden Bauernstruktur verdeutlicht. Wie Geller zeigte, ist in der Variante 8.a4 e6 9.♗e2 ed 10.ed die Einschaltung der Züge a7–a6 und a2–a4 günstig für Schwarz, weil der weiße Damenflügel geschwächt ist, und im Falle von 9.♗d3 ed 10.cd sich für Schwarz die interessante Möglichkeit 10. ... ♗g4 nebst ♕c7 und ♘b8 mit der Idee c5–c4, gefolgt von ♘d7–c5, bietet.

8.♗f1–e2   ...

Es hat nicht an Versuchen gefehlt, das Zentrum mittels 8.de aufzugeben, zum Beispiel 8. ... fe 9.♗e2 (oder 9.♗d3 ♘c6 10.0–0 a6 11.♕e1 b5 12.cb ab 13.♗:b5 ♘d4 14.e5 ♘h5 15.ed ♖b8 16.d7 ♗b7 17.♘g5 ♕b6 18.♗c4 ♖f6 mit kompliziertem Spiel, Donner–Kindermann, Budapest 1987) 9. ... ♘h5 10.g3 ♘f6 (am besten ist 10. ... ♘c6) 11.e5 de 12.♕:d8 ♖:d8 13.fe ♘g4 14.♗g5 ♖d7 15.♘e4 ♘:e5 16.♘:e5 ♗:e5 17.0–0 ♔g7 18.♗g4 ♘c6 19.♖ae1 h6 20.♗e3 b6

21.♗:e6 ♖e7 22.♗d5 ♗b7 23.♘:c5! bc 24.♗:c5, und die weiße Stellung ist vorzuziehen (Murei–Gheorghiu, New York 1987).
Offenbar ist das Schlagen mit dem Läufer besser: 8. ... ♗:e6 9.♗d3 ♘c6 10.f5 ♗d7 11.0–0 ♘g4 12.♘d5 ♘b4 13.h3!? ♘e5 14.♘:e5 ♗:e5 15.♗f4, und nun nicht 15. ... ♕h4 16.♕d2 ♘:d5 17.ed mit Übergewicht für Weiß (Marjanović–Terzić, Senica 1987), sondern 15. ... ♘:d5!? 16.ed ♕f6 mit beiderseitigen Chancen.

8. ...   e6:d5
9.c4:d5   ...

Dieses Schlagen führt zu Stellungen, die für die Moderne Benoni-Verteidigung typisch sind. Häufiger gespielt wird 9.ed. Ein neueres und interessantes Beispiel zu diesem Thema bietet die Partie Conquest–Mestel (Hastings 1986/87), in der 9. ... ♗f5 10.0–0 ♖e8 11.♗d3 ♕d7 12.h3 ♘a6 13.a3 ♘c7 14.g4 ♗:g4!? 15.hg ♕:g4+ 16.♔h2 ♕h5+ 17.♔g2 ♕g4+ 18.♔h2 b5! geschah mit Angriff für das geopferte Material.
Wohl kaum Beachtung verdient der vorzeitige Schlag im Zentrum 9.e5?!, zum Beispiel 9. ... ♘g4 10.cd de 11.h3 e4 12.hg ef 13.gf ♖e8 14.f5 gf! (interessant ist auch 14. ... b5 15.fg fg 16.♔f1 ♗:c3!? 17.bc ♕f6 18.♔g2 ♘d7 19.♗b5!; als schwächer erwies sich 19.d6?

♕e6!, und die schwarze Stellung verdient den Vorzug, Kouatly–Thipsay, Kolhapur 1987) 15.♗h6 ♗:c3!! 16.bc fg! 17.♕d3 ♕f6 18.♖h5 ♖e5! 19.♖:e5 ♕:e5, und die Chancen von Schwarz sind klar besser (Beliz–Kalinin, UdSSR 1987)

9. ...   b7–b5

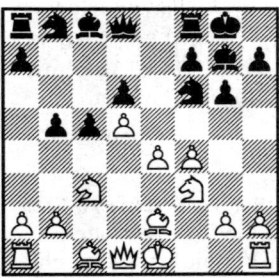

Auch hier ist das Bauernopfer möglich.
Es kommt aber ebenfalls die ruhigere, wenngleich nach meiner Ansicht weniger prinzipielle Fortsetzung 9. ... ♗g4 vor, zum Beispiel 10.0–0 ♘bd7 11.h3 ♗:f3 12.♗:f3 ♖e8 (zu sehr scharfem Kampf führt 12. ... a6 13.g4 ♘e8 14.g5 ♘c7 15.♗g4 ♘b5! 16.e5! ♘:c3 17.bc de 18.f5 e4! 19.f6 ♘:f6 20.gf ♗:f6 21.♗h6 ♕d6! 22.♖:f6 ♕:f6 23.♕d2 ♖ad8 24.♖d1 ♖fe8 25.d6 e3! mit Ausgleich, Nogueiras–Velimirović, Reggio Emila 1986/87) 13.g4 h6 14.h4 h5!? 15.g5 ♘g4 16.♗:g4 hg 17.♖e1 c4 18.♗e3 ♗:c3 19.bc ♖:e4

20.♕:g4 ♕e7 21.♗f2 ♘c5 22.♖:e4 ♕:e4, und die Chancen von Schwarz sind zumindest nicht schlechter (Kouatly–Kindermann, Trnava 1987).
Auch 9. ... ♖e8 wird gespielt, worauf Weiß mit einem sofortigen Schlag im Zentrum aufwarten kann: 10.e5 de 11.fe ♘g4 12.♗g5 f6 (offenbar genauer als 12. ... ♕b6 13.0–0 ♘:e5 14.d6 ♗f5!? 15.♘d5 ♕:b2 16.♘e7+ ♖:e7 17.de ♘bc6 18.♖c1 ♖e8 19.♘:e5 ♕:e5 20.♗b5 ♗e6 21.♗:c6 ♕d4+ 22.♔h1, und Weiß steht besser, Waiser–de Greif, Capella la Grande 1987; nach Meinung von Psachis ist 20. ... ♗e4!? vorzuziehen) 13.ef ♗:f6 14.♕d2 ♗:g5 15.♕:g5 ♕:g5 16.♘:g5 ♗f5 17.h3 ♘e3 18.♔f2 ♘c2 19.♖ac1 ♘d4 20.g4 ♘e2 21.♘:e2 ♗d7 22.♖:c5 ♘a6 23.♖cc1. Remis gegeben (Ilić–Striković, Vrnjačka Banja 1987).

10.e4–e5   ...

Auf 10.♗:b5 würde 10. ... ♘:e4 11.♘:e4 ♕a5+ 12.♔f2 (12.♘c3? ♗:c3+ 13.bc ♕:b5) 12. ... ♕:b5 13.♘:d6 ♕a6 mit gutem Spiel für Schwarz folgen.

10. ...   d6:e5
11.f4:e5   ♘f6–g4
12.♗c1–g5   ♕d8–b6
13.0–0   ...

Weiß hat die Eröffnung ziemlich schnell gespielt, und es ist anzunehmen, daß er diese Stellung anstrebte.

13. ...   c5–c4+
14.♔g1–h1   ♘g4:e5

Natürlich nicht 14. ... ♘f2+? wegen 15.♖:f2 ♛:f2 16.♘e4 mit unwiderlegbarem Angriff.

15.♗g5–e7   ...

Wahrscheinlich liegt in diesem Zug der Sinn der von Weiß gewählten Variante. Wäre Schwarz tatsächlich zu der Antwort 15. ... ♖e8 gezwungen, geriete er in eine sehr schwierige Stellung, zum Beispiel 16.d6 ♗b7 17.♘d5 ♗:d5 18.♛:d5 ♘bd7 19.♘:e5 ♘:e5 20.a4!

15. ...   ♘b8–d7
16.d5–d6   ...

Weiß möchte vorerst die Qualität nicht nehmen. Nach 16.♗:f8 ♔:f8 hat Schwarz für den Materialverlust genügend Kompensation.

16. ...   ♗c8–b7
17.♘c3–d5   ♗b7:d5

Ich habe lange über diesen Zug nachgedacht – ich wollte mich nicht gern von dem starken Läufer trennen. Aber 17. ... ♛c5 gefiel mir nicht wegen folgender Fortsetzung: 18.♘:e5 ♘:e5 19.d7!? (19.♘f6+ ♗:f6 20.♗:f6 ♖ad8 21.♗e7 ♖fe8 mit prächtigem Spiel für Schwarz) 19. ... ♛:d5 20.♛:d5 ♗:d5 21.♗:f8 ♔:f8 22.♖ad1 ♘d3 23.♗:d3 ♗e6

24.♗e4 ♖d8 25.♖d2, und es ist nicht klar, ob Schwarz gewinnen kann. (Zu diesem Zeitpunkt schätzte ich meine Stellung bereits als besser ein.)

18.♛d1:d5   ♘e5–g4
19.a2–a4   ...

Wahrscheinlich der beste Zug.

19. ...   ♘g4–f2+
20.♖f1:f2   ...

Obwohl nach 20.♔g1 keine Möglichkeit für ein ersticktes Matt besteht, ist die Drohung eines Abzugsschachs ziemlich unangenehm.

20. ...   ♛b6:f2
21.♗e7:f8   ♖a8:f8
22.♛d5:b5   ♛f2:e2
23.♛b5:d7   ♛e2:b2
24.♖a1–e1   ...

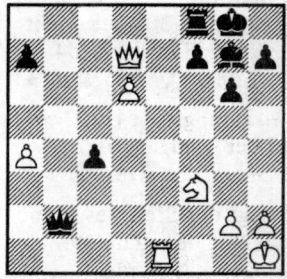

Es besteht der Eindruck, daß der c-Bauer den Ausgang des Kampfes entscheiden muß. Aber es bringt nichts ein, wenn er sich sofort in Bewegung setzt: 24. ... c3? 25.♛:a7 c2 26.♛c5 ♖h6 27.♘g5! Schwarz hat folgenden Plan zur Verwertung seines Vorteils aufgestellt: Da ein Gegenspiel von Weiß mit dem d-Bauern verbunden ist, muß dessen Umwandlungsfeld von den schwarzen Figuren kontrolliert werden. Dafür ist es notwendig, den Läufer nach f6 und die Dame auf die d-Linie zu führen.

| 24. ... | ♝g7–c3! |

Vor der Verwirklichung meines Vorhabens ist es zweckmäßig, den weißen Turm von der offenen Linie zu vertreiben.

25.♖e1–f1	♛b2–e2
26.♖f1–g1	a7–a5
27.♛d7–c7	♛e2–d3
28.d6–d7	♝c3–f6
29.♖g1–e1	♔g8–g7!

Dieser Zug ist gegen die Drohung 30.♖e8 gerichtet.
Wenn Schwarz 29. ... c3 spielt, dann geht nach 30.♖e8 nicht 30. ... ♛f1+ 31.♘g1 ♝d4 wegen 32.♖:f8+ ♔g7 33.♖:f7+!

30.h2–h3	c4–c3
31.♖e1–e8	c3–c2
32.♛c7–c5	♖f8–g8

Darin liegt der Sinn des Manövers, das mit dem Zug 29. ... ♔g7 eingeleitet wurde.

| 33.♛c5–c8 | ... |

In Zeitnot wählt Weiß die natürliche Fortsetzung und gibt Schwarz Gelegenheit, den Kampf effektvoll zu beenden. Allerdings wäre auch nach dem besseren 33.♖c8 ♖d8! die weiße Stellung schwierig.

| 33. ... | ♛d3–f1+ |

| 34.♔h1–h2 | ... |

Nach 34.♘g1 c1♛ 35.♖:g8+ ♔h6 36.♛f8+ ♔g5 entzieht sich der König den Schachgeboten.

| 34. ... | ♝f6–e5+ |
| 35.♖e8:e5 | ... |

Auf 35.♘:e5 folgt 35. ... ♛f4+ 36.g3 ♛d2+ 37.♔g1 c1♛+.

35. ...	c2–c1♛
36.♛c8:g8+	♔g7:g8
37.d7–d8♛+	♔g8–g7
38.♛d8–d4	♛f1–c4
39.♛d4:c4	♛c1:c4
40.♖e5:a5	♛c4–c7+

Weiß gab auf.

Partie Nr. 39
Zilberberg–Gufeld
Los Angeles 1987

1.d2–d4	♘g8–f6
2.c2–c4	g7–g6
3.♘b1–c3	♝f8–g7
4.e2–e4	d7–d6
5.f2–f4	0–0
6.♘g1–f3	c7–c5
7.d4–d5	b7–b5!?

Wieder ein bekanntes Motiv des Wolga-Gambits. Weiß hat viel Zeit für die Bildung des Bauernzentrums aufgewendet. Seine bessere Entwicklung scheint Schwarz genügend Berechtigung zu geben, mittels eines Bauernopfers zu versuchen, unverzüglich die Initiative an sich zu reißen.

| 8.c4:b5 | a7–a6 |

9.b5:a6   ...

Nicht die beste Reaktion. Am genauesten ist 9.a4!?, obwohl Schwarz auch in diesem Falle für den Bauern Kompensation hat, zum Beispiel 9. ... ♕a5 (schwächer ist 9. ... e6 wegen 10.♗e2! ab 11.♗:b5 ed 12.e5! de 13.fe ♘e4 14.♕:d5 ♘:c3 15.♕:d8 ♖:d8 16.bc ♗a6 17.♗g5 ♖c8 18.0-0 mit Übergewicht für Weiß, Piskow–Wasjukow, Moskauer Meisterschaft 1987; allerdings läßt sich auch hier das Spiel von Schwarz verstärken: 13. ... ♘g4 und auch 17. ... ♗:e5!? ist zu prüfen) 10.♗d2 ♕b4 11.♗d3 c4 12.♗c2 ♕c5 13.♕e2 ab 14.♘:b5 ♘:e4! mit schwarzem Vorteil (Balogh–Lechtýnský, Budapest 1986).

9. ...   ♕d8–a5
10.♗c1–d2   ♗c8:a6
11.♗f1:a6   ♕a5:a6
12.♕d1–e2   ♘f6–d7!

Das ist genauer als 12. ... ♘bd7 13.♕:a6 ♖:a6 14.0-0 ♖b8 (Karassew–Wasjukow, Leningrad 1974), obwohl auch hier Schwarz Kompensation hat.

13.♕e2:a6   ♘b8:a6
14.♔e1–e2   ♘d7–b6
15.b2–b3   f7–f5!

Nach diesem Zug bricht das weiße Bauernzentrum zusammen wie ein Kartenhaus.

16.♘f3–g5   ...

Schlecht ist auch 16.e5 ♘b4.

16. ...   f5:e4
17.♘g5–e6   ...

Hartnäckiger war 17.♘g:e4 ♘b4, obgleich auch in diesem Falle das Übergewicht von Schwarz außer Zweifel steht. Denn der Bauer d5, der Stolz der weißen Stellung, ist zum Untergang verurteilt.

17. ...   ♗g7:c3
18.♗d2:c3   ♖f8–f5

Auf diese Weise gewinnt Schwarz einen Bauern und dringt außerdem noch in das gegnerische Lager ein. Die Partie ist bereits entschieden.

19.g2–g4   ♖f5:d5
20.f4–f5   ...

Weiß versucht, das Spiel am Königsflügel zu öffnen, aber es ist zu spät – sein Damenflügel wird in wenigen Zügen vernichtet.

20. ...   ♖d5–d3
21.♖a1–c1   ♘b6–d5
22.♗c3–a1   ♘a6–b4

Triumph des Gegenangriffs! Sämtliche schwarzen Figuren attackieren das Zentrum und den Damenflügel von Weiß.

23.a2–a4   ♖d3:b3
24.f5:g6   ♖a8:a4
25.g6:h7+   ♔g8:h7
26.♖h1–d1   ♘b4–a2
27.♖c1–c2   ♘a2–c3+

Weiß gab auf.

SECHSTES KAPITEL

Abweichungen des Anziehenden von den Hauptsystemen

Das Betätigungsfeld für Theoretiker und Praktiker in der Königsindischen Verteidigung ist sehr weitgesteckt. Ein Anhänger dieser Verteidigung muß immer damit rechnen, daß sein Gegner von den aktuellsten Spielweisen abweicht oder als Antwort auf die Königsindische Verteidigung nicht einen der üblichen, sondern einen anderen, jedoch durchaus aussichtsreichen Aufbau wählt.

Partie Nr. 40
A. Saizew–Gufeld
Grosny 1969

1.d2–d4	♘g8–f6
2.c2–c4	g7–g6
3.♘b1–c3	♗f8–g7
4.♘g1–f3	0–0
5.♗c1–g5	...

Diese Variante führte Exweltmeister Smyslow in die moderne Turnierpraxis ein. Zum Plan von Weiß gehört die Befestigung des Punktes d4 (nach Herausführen des schwarzfeldrigen Läufers) und damit die Einengung des gegnerischen königsindischen Läufers.

5. ...	c7–c5
6.e2–e3	...

Nach 6.dc ♘a6 hat Schwarz keine Schwierigkeiten.

6. ...	♕d8–a5
7.♕d1–d2	c5:d4
8.e3:d4	e7–e6!?

Durch Zugumstellung kam es zu dieser Position in meiner Partie gegen den Urheber dieses Systems, der mit 9.a3 ♘c6 10.d5! ed 11.cd ♖e8+ 12.♗e2 etwas Entwicklungsvorsprung erlangte (Smyslow–Gufeld, Tbilissi 1967).

9.♕d2–f4	♘f6–h5
10.♕f4–h4	♘b8–c6
11.0–0–0?!	...

Der scheinbar aktive Übergang der weißen Dame zum Königsflügel ermöglichte es Schwarz, schnell die Kräftemobilisierung zu beenden. So würde auf 11.g4 nun 11. ... ♘:d4 folgen, und auf 11.♗e3 käme 11. ... f5!

11. ...	f7–f5!

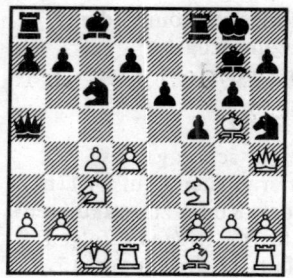

Schwarz sichert seinen Königsflügel und steht bereit, die Initiative auf der gegenüberliegenden Brettseite zu ergreifen.

12. ♗f1–e2   a7–a6
13. ♗g5–d2   b7–b5

Es sind erst wenige Züge gemacht worden, doch die Rollen
der Spieler haben sich vertauscht, und Schwarz greift an!

14. a2–a3   b5–b4!
15. ♘c3–a2   ♗g7–f6
16. ♘f3–g5   ...

Auf 16. ♕h3 ist 16. ... ♖b8!
stark.

16. ...   ♘c6:d4?!

Es fällt schwer, der Verlockung
zu widerstehen, einen solchen
Zentrumsbauern zu schlagen.
Unverzüglich gewann 16. ...
f4!

17. ♗e2:h5   ♘d4–b3+
18. ♔c1–c2   ...

Auf 18. ♔b1 entscheidet 18. ...
♕e5.

18. ...   ♕a5–a4
19. ♘a2:b4?   ...

Besser ist 19. ♔b1!, worauf
19. ... h6! folgt.

19. ...   ♘b3:d2+
20. ♔c2:d2   h7–h6
21. f2–f4   g6:h5
22. ♕h4:h5   h6:g5
23. f4:g5   ♗f6–g7
24. g5–g6   ♖f8–e8

Die Verwicklungen haben
Schwarz klaren Vorteil gebracht.

25. h2–h4   ♖a8–b8
26. ♕h5–h7+   ♔g8–f8
27. h4–h5   ♖b8:b4!

Das Qualitätsopfer führt am
schnellsten zum Ziel.

28. a3:b4   ♕a4:b4+
29. ♔d2–e3   ♕b4–c5+
30. ♔e3–d2   ♕c5–f2+
31. ♔d2–d3   ♗c8–b7
32. c4–c5   ♗b7–e4+

Weiß gab auf.

Partie Nr. 41
Zilbermann–Gufeld
Kirowobad 1973

1. d2–d4   ♘g8–f6
2. c2–c4   g7–g6
3. ♘b1–c3   ♗f8–g7
4. e2–e4   d7–d6
5. ♗f1–e2   0–0
6. ♗c1–e3   ...

Eine ziemlich seltene Zugfolge, mit der Weiß sowohl
vom klassischen System wie
auch vom Awerbach-System
abweicht.

6. ...   c7–c5!

151

Ein sofortiger Schlag gegen das feindliche Zentrum.

7.d4–d5   ...

Zu unklarem Spiel führt 7.dc ♕a5 8.cd ♘:e4 9.de ♖e8 10.♔f1 ♘:c3 11.bc ♘c6.

7. ...   b7–b5

Wenn sich ein solcher Sprengungszug anbietet, versuche ich auch immer, ihn anzuwenden. Banaler wäre 7. ... e6.

8.c4:b5   a7–a6
9.b5:a6   ...

Auf 9.a4 hatte ich 9. ... ♕a5 geplant.

9. ...   ♕d8–a5
10.♗e3–d2   ...

Aufmerksamkeit verdiente 10.♕d2!?

10. ...   ♗c8:a6
11.♘g1–f3?!   ...

Eine falsche Entscheidung. Notwendig war 11.♕c2 mit kompliziertem Spiel.

11. ...   ♕a5–b4!

Ein wichtiger Tempogewinn – der Bauer e4 ist bedroht.

12.♕d1–c2   ...

Im Falle von 12.e5 ist 12. ... ♘e4 13.♗:a6 ♘:a6 14.♕c2 ♘:d2 15.♕:d2 ♕c4 mit schwarzem Übergewicht stark.

12. ...   ♗a6:e2
13.♔e1:e2   ♘b8–a6

Außer diesem natürlichen Ent-

wicklungszug könnte der Sprengungszug 13. ... e6!? versucht werden.

14.a2–a3   ...

Weiß hat schon gewisse Schwierigkeiten. Auf 14.♖he1 (um den König zu evakuieren) konnte 14. ... ♕c4+ folgen, und falls 15.♕d3, dann 15. ... ♕:d3+ 16.♔:d3 ♘b4+.

14. ...   ♕b4–c4+
15.♕c2–d3   ♕c4–b3!

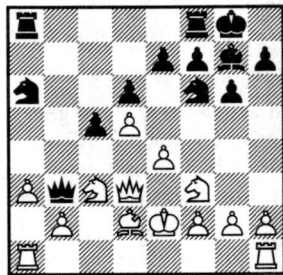

16.♖h1–c1   c5–c4
17.♕d3–c2   ♘a6–c5

Schwarz ist es gelungen, den gegnerischen Damenflügel abzuriegeln.

18.♘f3–d4   ♕b3–b6

Beachtung verdiente auch 18. ... ♕b7 nebst e7–e6.

19.♗d2–e3   ♘f6–g4!

Die Kavallerieattacke erfaßt nun auch den Königsflügel.

20.♘c3–b5   ...

Vorsichtiger und besser war 20.♖d1.

20. ...   ♘c5–d3

Zweifelhaft wäre 20. ... e5
21.de fe 22.♛:c4.

21.♛c2:c4?!   ...

Hier erwies sich 21.♖d1 als
zäher.

21. ...   ♘d3:c1+
22.♖a1:c1   ♘g4:e3
23.f2:e3   ♝g7:d4
24.e3:d4   ♖f8–b8!

Die Mehrqualität beginnt sich
bemerkbar zu machen.

25.a3–a4   ♛b6–a6!

Dieses Manöver hatte Weiß offenbar in seinen Berechnungen
nicht berücksichtigt.

26.b2–b3   ♖b8–c8
27.♘b5–c7   ♛a6–b7!

Nun droht 28. ... ♖a7.

28.♛c4–c6   ♛b7:b3!

Umgeht die Riffe 28. ... ♖a7?
29.♘b5! ♛:c6 30.dc nebst
31.♘:a7 oder 28. ... ♛:c6?
29.♖:c6 ♖a7 30.♘b5, und der
Springer mit den Bauern ist
stärker als der Turm.

29.♘c7:a8   ♛b3–b2+
30.♔e2–d1   ♛b2:d4+
31.♔d1–e2   ♛d4:e4+
32.♔e2–d2   ♛e4–f4+
33.♔d2–d3   ♖c8:c6
34.♖c1:c6   ♛f4:a4

Die schwarze Dame fegte wie
ein Wirbelsturm über das Brett
und vernichtete den Stolz der
weißen Bauernarmee.

35.♘a8–b6   ♛a4–a2

Weiß gab auf.

Partie Nr. 42
Polugajewski–Gufeld
Spartakiade, Moskau 1979

1.d2–d4   ♘g8–f6
2.♘g1–f3   g7–g6
3.♝c1–f4   ...

Über diesen Zug Polugajewskis
war ich verwundert, einfach
verblüfft, denn ich hatte das
Sämisch-System erwartet. Vielleicht war Polugajewski gerade
darum von den populären Varianten abgewichen.

3. ...   ♝f8–g7
4.e2–e3   d7–d6

Wie Geller nachgewiesen hat,
ist der Versuch, den Läufer abzutauschen, verfrüht: 4. ...
♘h5 5.♝e5 f6 7.♝g3 ♘:g3
7.hg 0–0 8.c3 d5 9.♛b3 ♘c6
10.♘bd2 e6 11.0–0–0, und
Weiß hat gute Angriffschancen.
Möglich ist aber 4. ... b6 5.c3
♝b7 6.♘bd2 c5 7.h3 0–0
8.♝e2 d6 9.0–0 ♘c6 10.♝h2
♖b8 11.♛b3 ♛c7 12.♘g5 e5
mit schwarzer Initiative (Smyslow–Geller, Moskau 1961).

5.h2–h3   0–0
6.♝f1–e2   c7–c5
7.♘b1–d2   ...

Weil auf 7.c3 cd 8.cd Schwarz
8. ... ♛b6 spielen kann, muß
Weiß bereits einige Unbequemlichkeiten auf sich nehmen.

7. ...   c5:d4
8.e3:d4   ♘b8−c6

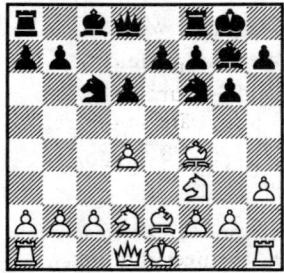

Schwarz hat einiges erreicht.
Ihm bietet sich die Möglichkeit, nach dem unvermeidli-
chen c2−c3 den bekannten Mi-
noritätsangriff am Damenflügel
b7−b5−b4 zu planen, um dort
dem Gegner Bauernschwächen
zu schaffen.

9.0−0   ♗c8−f5
10.c2−c3   ♖a8−c8
11.♗f4−h2   ...

Der 11. Zug von Weiß verdeutlicht die Harmlosigkeit seiner
Strategie − er hat keine aktivere Fortsetzung gefunden.

11. ...   a7−a6
12.a2−a4   ♖f8−e8
13.♘d2−c4!   ...

Weiß nutzt unverzüglich die
letzten planlosen Züge von
Schwarz aus.

13. ...   d6−d5
14.♘c4−e5   ...

Weiß hat einen Stützpunkt auf
dem Feld e5 erhalten, und auch
der Läufer h2 „atmet" wieder.

14. ...   ♕d8−b6
15.♖a1−a2!   ...

Dieser Zug mutet äußerlich
plump an, doch löst er einige
Aufgaben gleichzeitig und entzieht den Turm dem „Blick"
des Läufers g7. Der Turm muß
unbedingt auf der a-Linie bleiben!

15. ...   ♘f6−e4

Da er keine Perspektiven am
Damenflügel sieht, wendet sich
Schwarz dem Zentrum zu und
träumt von f7−f6 und e7−e5.

16.♘e4:c6   ...

Hier handelt Polugajewski
überstürzt. Genauer war zuerst
16.g4!, um den Läufer nach e6
(und nicht nach d7) zu vertreiben.

16. ...   b7:c6

Schwarz nutzt sogleich die Ungenauigkeit von Weiß aus.
Nach 16. ... ♖:c6 17.a5 wäre
bei diesem alles in Ordnung.
Doch jetzt hängt über der weißen Stellung die Drohung
c6−c5!

17.a4−a5   ♕b6−b7

Um den Vorstoß c6−c5 zu unterstützen, müßte die Dame
nach a7 gehen, aber dann
würde augenblicklich mittels
18.♖a3! der weiße Turm über
b3 ins Spiel kommen.

18.g2−g4   ♗f5−d7!
19.♘f3−e5   ...

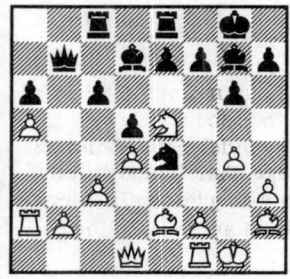

19. ...   ♗g7:e5!

Das hatte ich im Auge, als ich mit dem Läufer nach d7 zog. Polugajewski hatte seinen Plan mit dem psychologischen Beweggrund aufgestellt, daß sich Gufeld nicht entschließt, seinen Lieblingsläufer aufzugeben. Jedoch ein nüchterner Blick auf die Stellung besagt, daß der Läufer g7 wenig Perspektiven hat.

20.♗h2:e5   f7–f6
21.♗e5–h2   c6–c5!

Jetzt zeigt sich, weshalb Weiß den Läufer nach e6 treiben mußte und ihn nicht nach d7 lassen durfte. Denn nun gelangt er nach b5.

22.f2–f3   ♘e4–g5
23.h3–h4   ♘g5–f7
24.♖f1–e1   ♗d7–b5
25.b2–b3?   ...

Ein grobes Versehen. Die Schwächung des Punktes c3 richtet die weiße Stellung zugrunde. Ausreichend verteidigen konnte sich der Anziehende mittels 25.♕b3!, zum Beispiel 25. ... c4! 26.♕c2 e5

27.♖aa1, und der zweite Turm gelangt ins Spiel.

25. ...   c5:d4
26.c3:d4   ♖c8–c3

Wenn Weiß den g-Bauern mit g4–g2 wieder zurückziehen dürfte, dann wäre seine Stellung verteidigungsfähig ...

27.♔g1–g2   ...

Vielleicht war 27.♗:b5 ♕:b5 28.♖ae2 weniger schlimm.

27. ...   e7–e5
28.♗e2:b5   ...

Eine lustige Variante (aus der Sicht des Nachziehenden) konnte entstehen im Falle von 28.g5 fg 29.hg ed! 30.♗:b5 (30.♕:d4 ♖:b8!) 30. ... ♖:e1 31.♕:e1 ♕:b5 32.♖e2 ♖c8 33.♖e7 ♖f8 34.♕e6 d3 35.♗e5 d2 36.♕f6 (dem schwarzen König scheint unvermeidlich Matt zu drohen, aber ...) 36. ... ♕e2+ 37.♔g3 ♕:e5+, und Schwarz gewinnt.

28. ...   ♕b7:b5
29.♖a2–c2   ♖c3–d3
30.♖c2–d2   ♖d3:d2
31.♕d1:d2   ♕b5:b3
32.♖e1–e3   ♕b3–b5
33.g4–g5   ♘f7–d6
34.♖e3–e1   ♘d6–c4
35.♕d2–f2   e5:d4
36.♖e1:e8+   ♕b5:e8
37.g5:f6   ♘c4–e3+
38.♔g2–g1   ♕e8–b5!
39.♗h2–e5   ♕b5–b1+
40.♔g1–h2   ♕b1–f5
41.♗e5–g3   ♕f5–c2

42.♕f2:c2	♘e3:c2
43.♗g3–e5	♔g8–f7
44.♔h2–g2	d4–d3
45.♔g2–f2	d3–d2
46.♔f2–e2	♘c2–e3!

Weiß gab auf.

Partie Nr. 43
Cholmow–Gufeld
22. Meisterschaft der UdSSR,
1955

1.d2–d4	♘g8–f6
2.♘g1–f3	g7–g6
3.♗c1–f4	♗f8–g7
4.e2–e3	0–0
5.♘b1–d2	c7–c5
6.c2–c3	c5:d4
7.e3:d4	♘b8–c6
8.♗f1–e2	d7–d6
9.h2–h3	♖f8–e8
10.♘d2–c4	…

Hier ist dieser Springerausfall weniger wirksam als in der vorangegangenen Partie.

10. …	♗c8–e6
11.0–0	♖a8–c8
12.♗f4–h2	♗g7–h6!

Unerwartet wechselt der Läufer auf eine andere Diagonale über, um die elastische Entwicklung der weißen Dame nach d2 des Turmes nach c1 zu verhindern.

13.♖f1–e1	♘c6–a5
14.♘c4–a3?!	…

Ein zweifelhafter Rückzug. Allerdings hat Schwarz auch nach 14.♘:a5 ♕:a5 die etwas besseren Perspektiven.

14. …	♕d8–b6
15.♗e2–b5	♖e8–d8
16.♕d1–e2	a7–a6
17.♗b5–d3	♖d8–e8

Den Bauern e7 muß Schwarz vorbeugend verteidigen, um seinen weißfeldrigen Läufer zu entfesseln.

18.♖a1–d1	♘f6–d5
19.♗d3–b1	…

Den Springer aus dem Zentrum zu verteidigen, bringt Weiß keine Entlastung, zum Beispiel 19.c4 ♘b4 20.d5 ♘:d3 21.♕:d3 ♗f5 22.♕e2 ♕b4 mit Übergewicht für Schwarz.

19. …	♕b6–c7

Es drohte 20.c4.

20.♕e2–e4	♘d5–f6
21.♕e4–h4	♗h6–g7
22.♗h2–f4	…

Weiß bereitet einen Figurenangriff am Königsflügel vor, und Schwarz muß dagegen sofort Maßnahmen ergreifen – aber keine, die der Verteidigung dienen, sondern einem Angriff im Zentrum und am Damenflügel.

22. …	♗e6–d5
23.♘f3–h2	b7–b5
24.♘h2–g4	♕c7–b7!

Überraschend hat die schwarze Batterie nicht nur Objekte am Damenflügel, sondern auch am Königsflügel aufs Korn genommen.

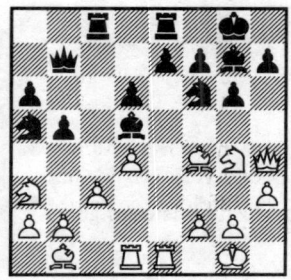

25.♗f4–g5   ...

Diese Fortsetzung forciert das Geschehen.

25. ...   ♗d5:g2
26.♖e1:e7   ♖e8:e7
27.♘g4:f6+   ♗g7:f6
28.♗g5:f6   ♖e7–e6
29.♗b1–f5   ♖e6:f6!

Möglich war auch 29. ... ♖ce8 30.♗:e6 fe mit schwarzem Übergewicht.

30.♗f5:c8   ♕b7:c8
31.♔g1:g2   ...

Auf 31.♕:f6 konnte folgen 31. ... ♕:h3 32.f4 ♕h1+ 33.♔f2 ♕d1 34.♔:g2 ♕e2+ 35.♔g3 ♘b7, und Schwarz steht auf Gewinn.

31. ...   ♖f6–e6

Genauer war 31. ... ♕f5! 32.♖e1 ♔g7.

32.♕h4–g4   ♕c8–e8
33.♔g2–f1   ♕e8–a8

Die geschwächte Stellung des weißen Königs macht sich bemerkbar.

34.d4–d5   ♖e6–e5
35.b2–b4   f7–f5
36.♕g4–d4   ♘a5–b7
37.♕d4–b6   ...

Weiß ist bestrebt, die exponierte Stellung des Springers auszunutzen, der nicht einfach ins Spiel zu bringen ist. Doch auch um den weißen Springer ist es nicht gut bestellt. Zu klarem Übergewicht für Schwarz führte der Versuch, ihn unmittelbar mittels 37.c4 in den Kampf zu bringen, wegen 37. ... ♖e4! 38.♕d3 bc 39.♘:c4 ♕c8.

37. ...   f5–f4
38.♖d1–d4?   ...

Am hartnäckigsten war 38.♕c6 ♕f8 39.♕d7 (gefährlich wäre 39.♕:b7 wegen 39. ... ♕f5!) 39. ... f3 40.♕g4.

38. ...   ♕a8–c8
39.♔f1–g2   ...

Das Bemühen, eine Verteidigungsfront auf der dritten Reihe zu errichten, scheitert: 39.♖d3 ♕f5 40.♕d4 f3 41.♖e3 ♖:d5, und der weiße König ist einem Mattangriff ausgesetzt.

39. ...   ♖e5–g5+
40.♔g2–f3   ♕c8–h3+
41.♔f3–e2   ♖g5–e5+
42.♔e2–d2   ♕h3–f1
43.♔d2–c2   ♕f1:f2+
44.♔c2–b3   ♖e5–e2
45.♘a3–c4   ♖e2:a2

Weiß gab auf.

Eröffnungsübersicht

Im Interesse der Übersichtlichkeit bleiben Zugumstellungen
meistens unberücksichtigt

Systeme mit Fianchettierung des weißfeldrigen Läufers

(1.d4 ♘f6 2.c4 g6 3.g3 ♗g7 4.♗g2 0–0 5.♘c3 d6 6.♘f3 ♘c6)

(1.d4 ♘f6 2.c4 g6 3.g3 ♗g7 4.♗g2 0–0 5.♘f3 d6 6.0–0 c5)

Awerbach-System

(1.d4 ♘f6 2.c4 g6 3.♘c3 ♗g7 4.e4 d6 5.♗e2 0–0 6.♗g5)

Vierbauernvariante

(1.d4 ♘f6 2.c4 g6 3.♘c3 ♗g7 4.e4 d6 5.f4 0–0 6.♘f3 c5)

Abweichungen des Anziehenden von den Hauptsystemen

(1.d4 ♘f6 2.c4 g6 3.♘c3 ♗g7)

Inhalt